BEI GRIN MACHT SI(
WISSEN BEZAHLT

- Wir veröffentlichen Ihre Hausarbeit,
  Bachelor- und Masterarbeit

- Ihr eigenes eBook und Buch -
  weltweit in allen wichtigen Shops

- Verdienen Sie an jedem Verkauf

Jetzt bei www.GRIN.com hochladen
und kostenlos publizieren

Befristetes Beschäftigungsverhältnis im öffentlichen Dienst. Eine interdisziplinäre Analyse der Bundesagentur für Arbeit

Ludmilla Weigant

Ellguth, Peter, Kohaut, Susanne, Der Staat als Arbeitgeber. Wie unterscheiden sich die Arbeitsbedingungen zwischen öffentlichen Sektor und der Privatwirtschaft? in Industrielle Beziehungen. Zeitschrift für Arbeit, Organisation und Management 2011 18 (1-2). 11-38

ErfK/*Müller-Glöge,* 18. Aufl. 2018, TzBfG § 14 Rn. 71-74.

Friedrich-Ebert-Stiftung, Prekäre Arbeit, 2006, Bonn.

Freyssinet, Jacques, Le travail dans la fonction publique, un continent peu exploré, in Le Mouvement Social 2005 3, S. 5-10. URL 2 https://www.cairn.info/revue-le-mouvement-social-2005-3-page-5.htm (letzter Abruf am 13.12.2017)

GKÖD/Künzel, Bd. IV RAuA Lfg. 5/07 – E 010.

Fürst GKÖD/Künzel, Bd. IV RAuA Lfg. 3/12 – V.12, E § 30 Rn. 5.

Gagel/*Wendtland,* 67. EL September 2017, SGB II § 47 Rn. 6-12.

Gagel/*Wendtland,* 67. EL September 2017, SGB III § 367 Rn. 22

Gagel/*Wendtland,* SGB III Band 3, Stand 12/2015, § 368 Rn.

GK-SGB III/*Marschner,* 04/2016 § 367 Rn. 5.

Gieseke, Johannes, Groß, Martin, Befristete Beschäftigung in WSI Mitteilungen 2006, S. 247-254.

Gottschall, Karin/Ludwig-Mayerhofer, Wolfgang/Vogel, Berhold, Editorial. In: Zeitschrift für Sozialreform. ZSR-Schwerpunkt: Welche Zukunft hat der ‚arbeitende Staat?' Perspektiven wohlfahrtsstaatlicher Akteure, Professionen und Praktiken. 60 (2) Stuttgart, S. 117-122.

Groeger, Axel, Arbeitsrecht im öffentlichen Dienst, 2. Aufl., 2014, Köln, Teil 6 Das befristete Arbeitsverhältnis im öffentlichen Dienst, S. 711 – 786.

Groeger, Axel, Haushaltsrecht und Befristung von Arbeitsverträgen, NJW 2008, 465.

Gundert, Stefanie, Hohendanner, Christian, Leiharbeit und befristete Beschäftigung: Soziale Teilhabe ist eine Frage von stabilen Jobs. IAB-Kurzbericht 04/2011, Nürnberg.

Hauck/Noftz SGB III/*Petzold,* 12/2017, § 367, Rn. 5; Rn. 13.

Hamann, Wolfgang, Befristete Arbeitsverträge, 2014, Stuttgart.

Hohendanner, Christian, Befristete Arbeitsverträge zwischen Auf- und Abschwung: Unsichere Zeiten, unsichere Verträge? IAB-Kurzbericht 14/2010. Nürnberg.

Hohendanner, Christian, Befristet Beschäftigte - öffentlicher Dienst unrühmlicher Spitzenreiter, in *Gewerkschaft Erziehung und Wissenschaft, Bildung ist Mehrwert. Tarif- und Besoldungsrunde 2009,* 2009, Frankfurt am Main, S. 41-45.

Literaturverzeichnis

Bauer, Jobst-Hubertus, Tückisches Befristungsrecht, NZA 2011, 241-249.

BeckOK ArbR/*Bayreuther*, 45. Ed. 1.9.2017, TzBfG § 14 Rn. 73-75.

Bieber, Daniel u.a., Evaluation der Maßnahmen zur Umsetzung der Vorschläge der Hartz-Kommission: Organisatorischer Umbau der Bundesagentur für Arbeit, 2005, Saarbrücken.

Bonner Kommentar zum Grundgesetz 10/1994, Art. 87 Abs. II, S. 6.

Bourdieu, Pierre, Gegenfeuer, 2004, Konstanz.

Brand/*Düe*, SGB III, § 368 Rn. 2.

Bremer, Wolfram, Seifert, Hartmut, Sind atypische Beschäftigungsverhältnisse prekär? Eine empirische Analyse sozialer Riskieren., in Zeitschrift für ArbeitsmarktForschung 41 (4), S. 501-531.

Bundesagentur für Arbeit, Aufbau und Organisation, URL 1 https://www3.arbeitsagentur.de/web/content/DE/service/Ueberuns/AufbauundOrganisation/Detail/index.htm?dfContentId=L6019022DSTBAI485395 (letzter Abruf am 15.12.2017)

Bundesagentur für Arbeit, 57. Geschäftsbericht, 2008, Nürnberg.

Bundesagentur für Arbeit, 58. Geschäftsbericht 2009, Nürnberg.

Bundesagentur für Arbeit, 59. Geschäftsbericht 2010, Nürnberg.

Bundesagentur für Arbeit, 60. Geschäftsbericht 2011, Nürnberg.

Bundesagentur für Arbeit, 61. Geschäftsbericht 2012, Nürnberg.

Bundesagentur für Arbeit, 62. Geschäftsbericht 2013, Nürnberg.

Bundesagentur für Arbeit, 63. Geschäftsbericht 2014, Nürnberg.

Bundesagentur für Arbeit, 64. Geschäftsbericht 2015, Nürnberg.

Bundesagentur für Arbeit, 65. Geschäftsbericht 2016, Nürnberg.

Clemens, Thomas, Normenstrukturen im Sozialrecht Unfallversicherungs-, Arbeitsförderungs- und Kassenarztrecht, NZS 1994, 337-384 (342).

Däubler, Wolfgang, Das neue Teilzeit- und Befristungsgesetz, ZIP 2001, S. 217 ff.

Detterbeck, Steffen, Allgemeines Verwaltungsrecht, 15. Aufl., 2017 München.

Eicher/Schlegel/*Theuerkauf*, SGB III 08/2004, § 367 Rn. 6; 20.

Hinsichtlich der verwendeten Abkürzungen wird auf *Kirchner*, Abkürzungsverzeichnis der Rechtssprache, 8. Aufl. 2015, sowie auf das Erfurter Kommentar zum Arbeitsrecht, 18. Auf., 2018, S. XIII verwiesen.

Gliederung

Hochschule Fulda

Fachbereich Wirtschaft

Studiengang Wirtschaftsrecht

Befristetes Beschäftigungsverhältnis im öffentlichen Dienst:
Eine interdisziplinäre Analyse am Beispiel der
Bundesagentur für Arbeit

Modul WR7.3: Bachelor–Thesis

WS 2017/2018

Abgabetermin: 14.02.2018

vorgelegt von:

Ludmilla Weigant

Bibliografische Information der Deutschen Nationalbibliothek:

Die Deutsche Nationalbibliothek verzeichnet diese Publikation in der Deutschen Nationalbibliografie; detaillierte bibliografische Daten sind im Internet über http://dnb.d-nb.de abrufbar.

ISBN: 9783346232342
Dieses Buch ist auch als E-Book erhältlich.

© GRIN Publishing GmbH
Nymphenburger Straße 86
80636 München

Alle Rechte vorbehalten

Druck und Bindung: Books on Demand GmbH, Norderstedt Germany
Gedruckt auf säurefreiem Papier aus verantwortungsvollen Quellen

Das vorliegende Werk wurde sorgfältig erarbeitet. Dennoch übernehmen Autoren und Verlag für die Richtigkeit von Angaben, Hinweisen, Links und Ratschlägen sowie eventuelle Druckfehler keine Haftung.

Das Buch bei GRIN: https://www.grin.com/document/911012

Hohendanner, Christian, Ostmeier, Esther, Ramos Lombato, Philipp, Befristete Beschäftigung im Öffentlichen Dienst. Entwicklung, Motive und rechtliche Umsetzung, IAB-Forschungsbericht 12/2015. Nürnberg.

Hohendanner, Christian, Ramos Lobato, Philipp, Die personalpolitische Funktion befristeter Beschäftigung im öffentlichen Dienst in WSI Mitteilungen 70 (1), S. 45-53.

Hohendanner, Christian, Walwei, Ulrich, Arbeitsmarkteffekte atypischer Beschäftigung in WSI Mitteilungen 66 (4), S. 239-246.

Höpfner, Clemens, Die Reform der sachgrundlosen Befristung durch das BAG – Arbeitsmarktpolitische Vernunft contra Gesetzestreue, NZA 2011, 893-899.

Hunold, Wolf, Aktuelle Fragen des Befristungsrechts unter Berücksichtigung von §§ 14, 16 TzBfG, NZA 2002, S. 255-262.

Hunold, Wolf, Befristungen im öffentlichen Dienst, NZA-RR 2005, S. 449-504.

HWK/*Rennpferd*, 7. Aufl., 2016 Köln, § 14 Rn. 1; 71-75.

HWK/*Schmalenberg*, 7. Aufl., 2016 Köln, § 1 Rn. 1-2 TzBfG.

Kasseler Handbuch des Arbeitsförderungsrechts, 2003, § 2 Rn. 3 Anm. zu Abb. 36.

Keller, Berndt, Seifert, Hartmut (2011) Atypische Beschäftigungsverhältnisse. Stand und Lücken der aktuellen Diskussion., in WSI Mitteilungen, 64 (3), S. 138-145.

Keller, Berndt, Seifert, Hartmut (2014) Atypische Beschäftigungsverhältnisse im öffentlichen Dienst in WSI Mitteilungen 67 (8), S. 628-638.

Kittner/ *Lakies, Thomas*, Arbeitsrecht Handbuch für die Praxis, 9. Aufl., 2017, Frankfurt, § 114, S. 2068-2163.

KR/*Lipke, Gert-Albert*, 11. Aufl., 2016, § 14 TzBfG.

Kramer, Bernd, Die SPD verscherzt sich mit den Jungen, DIE ZEIT Online Arbeit, 16.01.2018, URL 3 http://www.zeit.de/arbeit/2018-01/befristete-beschaeftigung-spd-thema-martin-schulz (letzter Abruf am 25.01.2018)

Krebber, Sebastian, Die unionsrechtlichen Vorgaben zur Zulässigkeit der Befristung von Arbeitsverhältnissen, EuZA 2017, S. 3-22.

Schaub, Günter/*Koch, Ulrich*, Arbeitsrechtshandbuch, 16. Aufl., 2015, München, §§ 38-40, S. 348-408.

Lakies, Thomas, Befristete Arbeitsverträge (eBook), 3. Aufl., 2014, Berlin.

Liebig, Stefan, u.a., Handbuch Empirische Organisationsforschung, 2017.

Link, Peter, "Lieber befristet beschäftigt als unbefristet arbeitslos", AuA 8/2002, S. 359.

Linne/Vogel/*Rudolph*, Leiharbeit und befristete Beschäftigung, Arbeitspapier 68, Hans-Böckler-Stiftung, 06/2003, S. 11.

Maindok, Herlinde, Einführung in die Soziologie, 1998, München.

Mahlmann Matthias, Konkrete Gerechtigkeit, 3. Aufl., 2017 Baden-Baden.

Maurer Hartmut, Allgemeines Verwaltungsrecht, 19. Aufl., München 2017.

Mayer-Ahuja, Nicole, in *Dörre, Klaus, Sauer, Dieter, Wittke, Volker,* Kapitalismustheorie und Arbeit. Neue Ansätze soziologischer Kritik, 2012, Frankfurt am Main, S. 289-301.

Mayer-Ahuja, Nicole, Wieder dienen lernen? Vom westdeutschen ‚Normalarbeitsverhältnis' zu prekärer Beschäftigung seit 1973, 2003, Berlin.

Möller, Joachim, Walwei, Ulrich, Arbeitsmarkt kompakt - Analysen, Daten, Fakten, IAB-Bibliothek, 363, 2017, Bielefeld.

MüKoBGB/*Armbrüster,* § 138, 7. Aufl., 2015

MüKoBGB/*Busche,* § 157, 7. Aufl., 2015, München.

MüKoBGB/*Schubert,* 7. Aufl., 2016, § 242, München.

Neumann, Philipp, Jeder zehnte Arbeitnehmer hat nur einen Job auf Zeit, 14.06.2017 Berliner Morgenpost.

Palandt/*Grüneberg,* BGB, 76. Aufl., 2017, § 242.

Petersen, Jens, Max Webers Rechtssoziologie und die juristische Methodenlehre, 2. Aufl., 2014, Tübingen.

Persch, Sven, Kernfragen des Befristungsrechts – Die arbeitsrechtliche Befristungskontrolle zwischen Vertragsfreiheit und Bestandsschutz, Dissertation Köln, 2009.

Preis, Ulrich, Individualarbeitsrecht, 5. Aufl. 2017

Preis, Ulrich, Greiner, Stefan, Befristungsrecht – Quo vadis ?, RdA 2010, S. 148-162.

Preis, Ulrich, Gotthardt, Michael, Neuregelungen der Teilzeitarbeit und befristeten Arbeitsverhältnisse zum Gesetzentwurf der Bundesregierung, DB 2000, 2065-2074.

Rehbinder, Manfred, Die Begründung der Rechtssoziologie durch Eugen Ehrlich, 2. Aufl., 1986, Berlin.

Rehbinder, Manfred, Gesetz und lebendes Recht, 1986 Berlin.

Rehbinder, Manfred, Rechtssoziologie, 8. Aufl., 2014, München.

Raiser, Thomas, Grundlagen der Rechtssoziologie, 6. Aufl., 2013, Tübingen.

Roth, Janine, Die Haushalts- und Vertretungsbefugnis im allgemeinen öffentlichen Dienst, 2013, S. 14.

Seewald, Otfried, Gibt es noch eine Selbstverwaltung in der Unfallversicherung? URL 4 https://www.diesozialgerichtsbarkeit.de/SGB.10.2006.569 (letzter Abruf am 10.01.2018).

Seils, Eric, Jugend & Befristete Beschäftigung, 12/2016, URL 5 https://www.boeckler.de/pdf/p_wsi_pb_8_2016.pdf (letzter Abruf am 25.01.2016).

Scheller, Melanie, Die politische Erzeugung von Prekarität im akademischen Mittelbau. Exemplarische Masterarbeiten. Hamburg: Universität Hamburg: Zentrum für Ökonomische und Soziologische Studien.

Schuppert, Gunnar Folke, Verwaltungswissenschaft, 2000, Baden-Baden.

Schweiger, Maximilian, Rechtsfragen rund um die „Jobbörse" der Bundesagentur für Arbeit, NZS 2013, 288.

Vogel, Berthold, Pfeuffer, Andreas, Amtsethos oder Job? Zum Arbeitsbewusstsein im öffentlichen Dienst in WSI Mitteilungen 69 (7), S. 513-520.

Waibel, Christoph, Neues zur Rechtsnatur der Bundesagentur für Arbeit, ZfS 8/2014, S. 225-230.

Wirth, Sylvia, Doktor Leiharbeiter, bitte kommen, DIE ZEIT, 04.10.2010.

A. Einführung

I. Der Staat als Arbeitgeber

Nach wie vor assoziiert die moderne Gesellschaft den Staat mit einem „vorbildlichen Arbeitgeber".[1] Die Beschäftigung beim Staat ist der Inbegriff für eine sichere und geschützte Arbeitswelt. Die Begründung für dieses Gedankengut liegt womöglich in dem massiven Ausbau des öffentlichen Sektors als Arbeitgeber in den Nachkriegsjahrzehnten, mit dem Ziel der Schaffung stabiler, arbeits- wie sozialrechtlich abgesicherter Beschäftigungen.[2] Daher gilt auch heute noch die hoch regulierte Beschäftigung beim Staat als besonders sicher und erstrebenswert.[3] Insofern könnte man vermuten, dass dieser Arbeitsmarkt primär Normalarbeitsverhältnisse (NAV) bietet, also Beschäftigungsverhältnisse, die mit unbefristeter Vollzeittätigkeit ein Subsistenz-sicherndes Einkommen gewährleisten und in die sozialen Sicherungssysteme integriert sind.[4] Dies war auch bis in die frühen 1970er Jahre der Fall. Hier ließ sich eine Zunahme der NAV und eine Abnahme atypischer Beschäftigungsverhältnisse beobachten. Aufgrund der großen Nachfrage nach sicheren Arbeitsplätzen setzte jedoch bereits damals der gegenläufige Trend ein: die Ausweitung atypischer Beschäftigungsverhältnisse und ein Rückgang der Normalarbeit.[5]

II. Einführung in die Problematik und Gang der Untersuchung

1. Befristetes Beschäftigungsverhältnis als beschäftigungspolitisches Mittel zur Flexibilisierung des Arbeitsrechts

Diese Thesis ist die Reaktion auf die weitverbreitete Meinung, die Beschäftigung im öffentlichen Dienst, darunter auch die BA, sei besonders sicher und geschützt. Sie soll die Problematik des Befristungsrechts sowie die dazugehörigen soziologischen Konsequenzen für die Betroffenen aufzeigen. Das Ziel ist zudem, das Befristungsrecht sowie die Problematik der unsicheren Beschäftigung bei der BA darzustellen.

---

[1] *Gottschall*, et al. 2014: S. 118.
[2] *Scheller*, Die politische Erzeugung von Prekarität im akademischen Mittelbau, S. 4.
[3] Vgl. ebd., S. 4.
[4] *Keller/Seifert*, Atypische Beschäftigungsverhältnisse im öffentlichen Dienst, WSI Mitteilungen 2014, S. 628.
[5] *Mayer-Ahuja*, Wieder dienen lernen? Vom westdeutschen ‚Normalarbeitsverhältnis' zu prekärer Beschäftigung seit 1973, 2003, S. 40 ff.

Bedingt durch die zunehmende Arbeitslosigkeit in der zweiten Hälfte des 20. Jahrhunderts, installierte der Gesetzgeber die Möglichkeit eines flexiblen Arbeitsverhältnisses als beschäftigungspolitisches Instrument.[6] Die Wirtschaft lief gut, aber die Zahl der Arbeitslosen war mit über zwei Millionen für die Verhältnisse der alten Bundesrepublik vergleichsweise hoch Mit der Schaffung des Beschäftigungsförderungsgesetzes im Jahr 1985 erkannte der Gesetzgeber, dass hinter der flexiblen Gestaltung eines Arbeitsverhältnisses ein politisch wertvolles und scheinbar geeignetes Mittel zur Beschäftigungsförderung eigenen könnte. Norbert Blüm und Helmut Kohl wollten die Zahl der Arbeitslosen drücken und ließen befristete Arbeitsverträge auch ohne sachlichen Grund zu: „Mehr Flexibilität macht Neueinstellungen möglich", formulierte Kohl den Gedanken dahinter. Mit dem Beschäftigungsförderungsgesetz von 1985 wurde somit das Arbeitsrecht liberalisiert, indem mit der sachgrundlosen Befristung eine weitreichende Ausnahme von den vorherigen befristungsrechtlichen Grundsätzen zur Sachgrunderfordernis kodifiziert wurde. Während die Wirtschaft alternative Beschäftigungsformen wie die Befristung lediglich heranzog, um wettbewerbsfähig zu bleiben, sah der Gesetzgeber in der sachgrundlosen Befristung vor allem ein beschäftigungspolitisches Mittel, das die Wirtschaft dazu veranlassen sollte, mehr Neueinstellungen vorzunehmen.[7] Nach der Vorstellung des Gesetzgebers sollte vor allem das Instrument der sachgrundlosen Befristung für viele Arbeitnehmer eine Alternative zur Arbeitslosigkeit und zugleich eine „Brücke zur Dauerbeschäftigung" sein.[8]

"Lieber befristet in Arbeit als unbefristet arbeitslos." Mit dieser Argumentation verteidigte Norbert Blüm damals die Einführung von befristeten Arbeitsverträgen. Die Wirkung der Maßnahme war allerdings begrenzt. Trotzdem blieb die sogenannte „sachgrundlose Befristung" bis heute erhalten. Mehr als dreißig Jahre sind seither vergangen und die befristeten Jobs wurden bei Arbeitgebern immer beliebter.[9] Das belegt eine Analyse des IAB-Betriebspanels. Der Anteil befristeter Arbeitsverhältnisse an der betrieblichen Gesamtbeschäftigung ist von unter 4 Prozent im Jahr 1996 auf über 6 Prozent im Jahr 2006 gestiegen. Eine branchenspezifische Betrachtung zeigt zudem, dass Befristungen vor allem in den Bereichen der öffentlichen Verwaltung und der sozialen Dienstleistungen (Gesundheit und Sozialwesen, Erziehung, Unterricht und gemeinnützige Betriebe wie z. B. Caritas und Diakonie) inzwischen als Normaleinstellungsverhältnis gelten. Etwa zwei Drittel der Einstellungen erfolgen hier auf Basis eines befristeten Vertrages. Übernah-

---

[6] *Persch,* Kernfragen des Befristungsrechts – Die arbeitsrechtliche Befristungskontrolle zwischen Vertragsfreiheit und Bestandsschutz, 2009, S. 18.
[7] *Persch,* Kernfragen des Befristungsrechts – Die arbeitsrechtliche Befristungskontrolle zwischen Vertragsfreiheit und Bestandsschutz, 2009, S. 18.
[8] BT-Drs. 14/4374, S. 14.
[9] *Neumann,* Jeder zehnte Arbeitnehmer hat nur einen Job auf Zeit, 14.06.2017 Berliner Morgenpost.

men sind vergleichsweise selten, Abgänge aus Befristungen hingegen das meistgenutzte ‚Entlassungsinstrument'. Eine personalpolitische Vorbildfunktion erfüllen Betriebe mit exzessiver Befristungspraxis nicht. In Branchen wie dem produzierenden Gewerbe und in produktionsnahen Dienstleistungen, die dem internationalen Wettbewerb besonders stark ausgesetzt sind, spielen Befristungen hingegen eine untergeordnete Rolle. Gleichzeitig bieten Befristungen in diesen Branchen eher eine Perspektive auf dauerhaften Anschluss an die gewünschte Normalarbeit.[10] Auch der aktuelle IAB-Forschungsbericht vom Dezember 2015 belegt die kontinuierliche Zunahme der Befristungsquote.[11] Das IAB hat die Entwicklung befristeter Beschäftigungen im öffentlichen Dienst im Auftrag des Bundesministeriums des Innern (BMI) untersucht und die Ergebnisse im IAB-Forschungsbericht 12/2015 dokumentiert. Die nachfolgende Abbildung zeigt, dass die Befristungsquote im öffentlichen Dienst im Jahr 2004 bei 8,7 % lag und bis 2014 kontinuierlich auf 10,4 % anstieg. In der Privatwirtschaft hingegen lag die Befristungsquote im Jahr 2004 bei 4,8 % und stieg auf 6,7 % im Jahr 2014. Somit zeigt der öffentliche Dienst eine größere Affinität zum Mittel der Befristungen als die Privatwirtschaft.

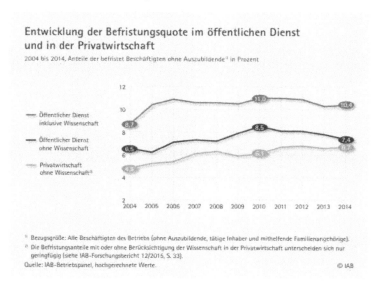

Entwicklung der Befristungsquote im öffentlichen Dienst und in der Privatwirtschaft

2004 bis 2014, Anteile der befristet Beschäftigten ohne Auszubildende[1] in Prozent

Öffentlicher Dienst inklusive Wissenschaft

Öffentlicher Dienst ohne Wissenschaft

Privatwirtschaft ohne Wissenschaft[2]

[1] Bezugsgröße: Alle Beschäftigten des Betriebs (ohne Auszubildende, tätige Inhaber und mithelfende Familienangehörige).
[2] Die Befristungsanteile mit oder ohne Berücksichtigung der Wissenschaft in der Privatwirtschaft unterscheiden sich nur geringfügig (siehe IAB-Forschungsbericht 12/2015, S. 33).
Quelle: IAB-Betriebspanel, hochgerechnete Werte. © IAB

---

[10] Gewerkschaft Erziehung und Wissenschaft, Bildung ist Mehrwert. Tarif- und Besoldungsrunde 2009/*Hohendanner*, Befristet Beschäftigte – öffentlicher Dienst unrühmlicher Spitzenreiter, 2009, Frankfurt am Main, S. 41–45
[11] *Hohendanner*, et.al., Befristete Beschäftigung im Öffentlichen Dienst. Entwicklung, IAB-Forschungsbericht 12/2015. Nürnberg

Abb. 1: Entwicklungsquote im öffentlichen Dienst und in der Privatwirtschaft, IAB 2016[12]

Was zunächst als Ausnahme geplant war und als Jobmotor für den deutschen Arbeitsmarkt dienen sollte, ist dem französischen Soziologen Pierre Bourdieu zufolge Teil einer neuartigen Herrschaftsform geworden, die auf der Errichtung einer zum allgemeinen Dauerzustand gewordenen Unsicherheit fußt und das Ziel hat, die Arbeitnehmer zur Unterwerfung, zur Hinnahme ihrer Ausbeutung zu zwingen.[13] Ein Ende dieser Herrschaftsform ist nach Betrachtung der aktuellen Lage nicht in Sicht. Zwar hat das Thema im Laufe der Erstellung dieser Thesis an Aktualität gewonnen, auch wenn aktuell keine Änderungsvorschläge des TzBfG vorliegen. Im Wahlkampf 2017 ist es sogar zum Ziel von Kanzlerkandidaten Martin Schulz erklärt worden, „weniger befristete Jobs" zu schaffen[14]. Mit viel Affekt warf Schulz das Thema neu in den Wahlkampf, war es doch schon früher Bestandteil des Wahlprogramms der SPD. Als Dauerregierungspartei hat sie das Thema aus Rücksicht auf den Koalitionsvertrag letztendlich jedoch nie umgesetzt.[15]

Bereits in der Tarifrunde 2016 machten die Gewerkschaften ver.di und Deutscher Beamtenbund die Befristungspraxis im öffentlichen Dienst zu einem zentralen Thema. Rückenwind für diese Tarifrunde bekamen die Gewerkschaften vom Deutschen Bundestag. Dieser forderte im Februar 2016 die Bundesregierung auf, die Befristungen im öffentlichen Dienst zu stoppen[16]. Ferner führt u. a. Dr. Sahra Wagenknecht als Vorsitzende der Partei „die Linke" den Antrag des Bundestages an die Bundesregierung, dass dem öffentlichen Dienst eine Vorbildfunktion zukommen sollte, wohingegen die drastische Befristungspolitik eher abschreckenden Charakter habe.[17] Auch bezüglich der sachgrundlosen Befristung fordert der Bundestag die Bundesregierung in zwei weiteren Anträgen, vom 22.03.2017[18] und vom 29.03.2017[19], dazu auf, diese abzuschaffen. Jedoch wurden diese Anträge am 29.03.2017 vom Ausschuss für Arbeit und Soziales abgelehnt. „Es ist

---

[12] IAB Kurzbericht 05/2016, http://doku.iab.de/kurzgraf/2016/kbfolien05161.pdf
[13] *Bourdieu*, Gegenfeuer, 2004, S. 111.
[14] *Kramer*, Die SPD verscherzt sich mit den Jungen, DIE ZEIT Online Arbeit, 16.01.2018,
      http://www.zeit.de/arbeit/2018-01/befristete-beschaeftigung-spd-thema-martin-schulz
[15] hib 208/2017.
[16] BT-Drs. 18/7567, S. 1.
[17] BT-Drs. 18/7567, S. 1.
[18] BT-Drs. 18/ 11608, S. 1.
[19] BT-Drs. 18/11598, S. 1.

für Arbeitgeber das einzige unbürokratische Instrument, ein Arbeitsverhältnis gestalten zu können", so die Reaktion der CDU/CSU-Fraktion.[20]

Um auf das Thema der Heterogenität in der Einstellungspraxis bezüglich der Befristungen einzugehen, beschäftigt sich diese Thesis mit der BA als einem der größten Arbeitgeber des öffentlichen Dienstes. Gerade die BA will nach Außen als Arbeitgeberin richtungsweisend wirken. Laut ihrem 65. Geschäftsbericht 2016 hat die BA es sich zum Ziel gesetzt, eine attraktive Arbeitgeberin zu sein, die engagierten und motivierten MitarbeiterInnen interessante und vielfältige Tätigkeiten bietet. Das Arbeitsumfeld soll dabei wertschätzend, modern, gesundheitsbewusst und verlässlich sein.[21] Hierbei stellt sich die Frage, ob die befristeten Beschäftigungsmöglichkeiten bei der BA verstärkt im Zusammenhang mit der Flüchtlingsthematik genutzt werden oder ob sich die Befristungsquote während der letzten zehn Geschäftsjahre konstant beobachten lässt. Da die Befristungsquote der BA sich weder aus dem Mikrozensus des Statistischen Bundesamtes noch aus der oben genannten Studie des IAB[22] entnehmen lässt, ist hier eine Forschungslücke zu erkennen. Diese Thesis soll aufzeigen, dass die Beschäftigung bei der BA, die hier stellvertretend für den öffentlichen Dienst steht, nicht mehr so sicher und geschützt ist, wie es die Mehrheit der Gesellschaft annimmt, und soll gleichzeitig die oben genannte Forschungslücke schließen. Ferner sollen mit dieser Thesis die Auswirkungen der Befristungspraxis auf die direkt Betroffenen aus soziologischer Sicht aufgezeigt werden.

2. Gang der Untersuchung

a) Aufbau der Arbeit

Die nachfolgende Untersuchung gliedert sich in zwei Teile. Der erste Teil hat die rechtlichen Erschließungen des Themas zum Gegenstand. Hier wird die normative Ebene der Befristungen beleuchtet. Im ersten Abschnitt wird zunächst nach den Motiven für den Einsatz befristeter Beschäftigten gefragt. Daran schließt sich der zweite Abschnitt an, der die historische Entwicklung des Befristungsrechts behandelt. Im nächsten Abschnitt wird nach dem Sinn und Zweck des Befristungsrechts gefragt, um dann schließlich im letzten Abschnitt des ersten Kapitels auf einzelnen Befristungstatbeständen einzugehen. Im Fokus des zweiten Teils steht die gelebte Wirklichkeit des Rechts. Hierbei wird im ersten Unterabschnitt zunächst auf die Begriffsbestimmung der

---

[20] hib 208/2017.
[21] 65. Geschäftsbericht der Bundesagentur für Arbeit, 2016, Nürnberg, S. 78.
[22] *Hohendanner, et.al.*, Befristete Beschäftigung im öffentlichen Dienst, IAB-Forschungsbericht 12/2015, Nürnberg.

Rechtssoziologie eingegangen. Der zweite Unterabschnitt gibt einen kurzen historischen Über-
blick über die Entstehung der Soziologie und insbesondere der Rechtssoziologie. Im zweiten Abschnitt wird der aktuelle Forschungsstand dargestellt. Im ersten Unterabschnitt erfolgt dabei die
Sekundäranalyse und im zweiten Unterabschnitt werden die Ergebnisse thematisiert. In Kapitel
D wird zunächst der Rechtsmissbrauch theoretisch und anhand von LAG-Urteilen erläutert und
anschließend anhand von Studien die Auswirkungen der Normativität des Rechts auf die Gesellschaft belegt. Ein Fazit und ein kurzer Ausblick auf die personelle Zukunft der BA sowie des
öffentlichen Dienstes beschließen die Thesis.

b) Forschungskonzept

Um die Forschungslücke schließen zu können, bedarf es eines Forschungskonzeptes. Zunächst
wird die Problematik der befristeten Beschäftigung sowie die BA theoretisch anhand der zuständigen Norm betrachtet. Anschließend lässt sich mit Hilfe der empirischen Rechtstatsachenforschung die Normativität des Rechts auf die Faktizität des Rechts übertragen. Dazu bedient sich
diese Thesis der Methode der Sekundäranalyse. Die Sekundäranalyse ist eines der Untersu-
chungstechniken der empirischen Rechtstatsachenforschung. Hierbei werden die Dokumente auf
bereits ermittelte Daten hin analysiert. Die häufigste Form ist dabei die Benutzung von Statistiken
aller Art. Diese können sowohl staatlicher als auch privater Herkunft sein. Dabei sind für die
Rechtstatsachenforschung nicht nur die spezifisch rechtlichen, sondern auch demografische oder
wirtschaftliche Statistiken von Bedeutung. Des Weiteren ist es von großer Bedeutung, stets den
sozialen sowie den zeitlichen Zusammenhang zu beachten, dem das Dokument seine Entstehung
verdankt.[23]

Die Dokumente für die Sekundäranalyse dieser Thesis sind die veröffentlichen Haushaltspläne
der BA der letzten zehn Jahre. Diese werden auf die Befristungszahlen hin untersucht und letztendlich in einem Diagramm zusammenfassend dargestellt. Das entstehende Diagramm wird bezüglich der Befristungsquoten mit den Daten des IAB-Forschungsbericht vom Dezember 2015
verglichen, um somit einen Vergleich zwischen dem allgemeinen öffentlichen Dienst und der
Privatwirtschaft zu erhalten. Ferner wird im Diagramm der Verlauf der Befristungsquote auf
mögliche äußerliche Einflussfaktoren hin untersucht, um somit diesen Zusammenhang zu begrei-
fen.

Um das lebende Recht (law in action), d. h. die gelebte Wirklichkeit des Befristungsrechts, besser
zu verstehen, werden Studien seitens der Hans-Böckler-Stiftung sowie der Friedrich-Ebert-Stiftung zu Rate gezogen. Dagegen bedient sich der normative Teil dieser Thesis (Kapitel B) der
Rechtssprechungsanalyse. Anhand von Entscheidungen des EuGHs, des BAG und vereinzelt der

---

[23] *Rehbinder*, Rechtssoziologie, 8. Aufl., 2014, S. 59 Rn. 63

jeweils zuständigen LAG wird das Befristungsrecht als Summe der geltenden Normen dargestellt (law in books).

c) Untersuchungsgegenstand

Wie bereits ausführlich dargestellt, ist der öffentlicher Dienst Spitzenreiter bei Befristungen. Um auf die Heterogenität der Einstellungspraxis bezüglich der Befristungen einzugehen, bildet die BA als Beispiel für den öffentlichen Dienst den Untersuchungsgegenstand dieser Thesis. Die BA ist einer der größten Arbeitgeber des öffentlichen Dienstes. Mit derzeit rund 96.000 Mitarbeite-rInnen[24] ist die BA größentechnisch vergleichbar mit einem Konzern. Der Untersuchungsgegen-stand wird bestimmt durch das Untersuchungsobjekt sowie die Fragestellung, die an dieses Un-tersuchungsobjekt herangetragen wird. Das Untersuchungsobjekt dieser Thesis ist das Befris-tungsrecht und damit verbunden die Frage, wie stark die BA im Vergleich zum allgemeinen öf-fentlichen Dienst sowie der Privatwirtschaft die Ausnahmen der NAV nutzt, sowie die Überle-gung, inwieweit sich diese Entwicklung beobachten bzw. durch welche äußeren Umstände sie sich beeinflussen lässt.

Um eine Antwort auf die Frage nach der Entwicklung befristeter Beschäftigungen in der BA so-wie allgemein im öffentlichen Dienst zu erhalten, ist es zunächst erforderlich, den Untersuchungs-gegenstand näher zu erläutern und eine inhaltliche sowie datentechnische Abgrenzung gegenüber der Privatwirtschaft und dem gemeinnützigen Dritten Sektor vorzunehmen.[25]

aa) Abgrenzung der Sektoren

Um die Privatwirtschaft und die BA stellvertretend für den öffentlichen Dienst vergleichen zu können, sollte zunächst eine empirische Demarkation der Sektoren durchgeführt werden. Jedoch gibt es keine allgemeingültige Abgrenzung zwischen öffentlichem Dienst, Privatwirtschaft und dem Dritten Sektor. Aus diesem Grund soll als theoretischer Rahmen für eine sinnvolle Einteilung der Wirtschaftsbereiche das Drei-Sektoren-Modell dienen.

In der Regel werden drei gesellschaftliche Sektoren unterschieden: der Staat (erster Sektor), die Privatwirtschaft (zweiter Sektor) und Non-Profit-Organisationen (dritter Sektor).[26] Die Differen-zierung der Sektoren erfolgt sowohl funktional nach der Produktionsorientierung (profitorientiert,

---

[24] 65. Geschäftsbericht der Bundesagentur für Arbeit, 03/2017, S. 82
[25] *Hohendanner, et.al.*, Befristete Beschäftigung im öffentlichen Dienst, IAB-Forschungsbericht 12/2015, Nürnberg, S. 21.
[26] Vgl. ebd. S. 21.

gemeinnützig / öffentliches Interesse), materiell nach den mehrheitlichen Eigentums- bzw. Beteiligungsverhältnissen (öffentliches oder privates Eigentum) sowie formalrechtlich nach der Rechtsform des Arbeitgebers.[27]

Der formalrechtlichen Abgrenzung folgend ist die Rechtsform des Arbeitgebers ausschlaggebend. Demnach ist ausschließlich relevant, ob es sich bei dem Arbeitgeber um juristischen Personen des öffentlichen Rechts handelt. Der Begriff „öffentlicher Dienst"[28] bezieht sich auf die formalrechtliche Abgrenzung. Eine rein formalrechtliche Betrachtung würde jedoch zum Beispiel kommunale Krankenhäuser, die zwar im öffentlichen Eigentum der Kommunen liegen, jedoch formell in gemeinnützige GmbHs umgewandelt wurden, dem (nichtöffentlichen) Dritten Sektor zurechnen. In Ergänzung zu dem formalrechtlichen Begriff des öffentlichen Dienstes zählen im Sinne dieser Arbeit somit alle Einrichtungen zu den öffentlichen Arbeitgebern, an denen die öffentliche Hand zu mehr als 50 Prozent beteiligt ist. Demnach zählt die Deutsche Bundesbahn zu den öffentlichen Arbeitgebern, da der Bund zu 100 Prozent, die Deutsche Telekom hingegen zur Privatwirtschaft, da der Bund zu weniger als 50 Prozent beteiligt ist. Der Begriff der öffentlichen Arbeitgeber schließt demnach sowohl den öffentlichen Dienst ein als auch privatrechtliche Arbeitgeber, die sich mehrheitlich in öffentlichem Eigentum befinden.

In diese Gruppe ist auch die BA einzuordnen. Es steht außer Zweifel, dass die BA unter eigenem Namen im Rechtsverkehr auftreten und z. B. auch verklagt werden kann. Auch ist die Zuordnung zum öffentlichen Recht zweifelsfrei gegeben, denn die BA besitzt die Befugnis, in ihrem Aufgabenbereich hoheitlich tätig zu werden. Ferner ist nach allgemeinen Rechtsgrundsätzen nicht ausgeschlossen, dass die BA z. B. bei der Anschaffung von Büromaterial auch privat-fiskalisch im Wirtschaftsleben auftritt.[29]

Die funktionale Abgrenzung orientiert sich hingegen an der treibenden Produktionsorientierung eines Betriebs. Im Fall des öffentlichen Dienstes und des Dritten Sektors wäre dies das Gemeinwohl bzw. das öffentliche Interesse, im Fall von Privatbetrieben die Profitorientierung. Formalrechtlich private Arbeitgeber, die mehrheitlich nicht im öffentlichen Eigentum stehen und deren Produktionsorientierung gemeinwohlorientiert bzw. gemeinnützig ist, werden dem Dritten Sektor zugeordnet.

Zusammenfassend lässt sich die Abgrenzung der Sektoren tabellarisch wie folgt darstellen:

---

[27] *Ellgut/Kohaut*, Der Staat als Arbeitgeber: Wie unterscheiden sich die Arbeitsbedingungen zwischen öffentlichen Sektor und der Privatwirtschaft, Industrielle Beziehungen, 2011, S. 13.
[28] mehr zum Begriff des öffentlichen Dienstes: BVerfG, 06.11.1962 – 2 BvR 151/60, Rz. 45; BVerwG, 27.06.1968 – VIII C 10.67 Rz. 8; BAG 29.07.1959 – 3 AZR 210/57.
[29] GK-SGB III/*Marschner*, 04/2016 § 367 Rn. 5.

Öffentlicher Sektor	Privater Sektor	Dritter Sektor
Unmittelbare Bundes-, Landes- und Kommunalverwaltung	Reiner Wettbewerbs- markt	Selbstorganisation (Selbsthil- fegruppen, Bürgerinitiativen)
Selbstverwaltung (Kammern, Hochschulen, Sozialversiche- rung)	Markt mit koordiniertem Wettbewerb (Energie- sektor)	Assoziationen (Vereine, Wohlfahrtsverbände, Genos- senschaften)
Verwaltungstrabanten in privater Rechtsform (GTZ, Goetheinsti- tute, DFG)		Organisierte Interessen (Ver- bände)

Tab.1: Drei-Sektoren-Modell nach Schuppert (2000, S. 365)

bb) Bundesagentur für Arbeit (BA) – Organisation und Veränderungsprozess

(1) Rechtsform der BA

Der Untersuchungsgegenstand und somit der Kernpunkt dieser Thesis ist das Befristungsrecht, welches bei der BA, stellvertretend für den öffentlichen Dienst, zur Anwendung kommt.

Die BA wurde am 16. Juli 1927 als Reichsanstalt gegründet und hat ihren gesetzlichen Sitz in Nürnberg[30]. Dies wurde im Rahmen der Wiedereinrichtung einer einheitlichen Arbeitsverwaltung in der Bundesrepublik in dem Gesetz über den Sitz der Bundesanstalt für Arbeitsvermittlung und Arbeitslosenversicherung vom 29.11.1951 festgelegt.[31] Nach Art. 87 Abs. II des Grundgesetzes wird die Bundesagentur für Arbeit als bundesunmittelbare Körperschaft des öffentlichen Rechtes geführt, weil sich ihr Zuständigkeitsbereich über das Gebiet eines Landes hinaus erstreckt.[32] Im Gegensatz zur früheren wörtlichen Bezeichnung („Anstalt") geht der Gesetzgeber weiterhin von einer bundesunmittelbaren Körperschaft des öffentlichen Rechts (mit Selbstverwaltung) i. S. des Art. 87 Abs. 2 GG aus. In der Tat ist die rechtliche Einordnung nicht zweifelsfrei möglich und deshalb auch umstritten.[33] Nach dem Wortlaut des § 367 Abs. I SGB III wird die BA als eine rechtsfähige bundesunmittelbare Körperschaft bezeichnet. Allerdings sind Körperschaften nach allgemeinem juristischen Sprachgebrauch rechtlich verselbstständigte Personenverbände, die auf

---

[30] BT-Drs. 15/1515, 104; Hauck/Noftz/*Petzold*, SGB III, 12/2017, § 367 Abs. IV, Rn. 13; § 369 Abs. 1 a. F.

[31] BGBl 1 S. 919; Eicher/Schlegel/*Theuerkauf*, SGB III 08/2004, § 367 Rn. 20.

[32] *Bieber* u.a., Evaluation der Maßnahmen zur Umsetzung der Vorschläge der Hartz-Kommission: Orga- nisatorischer Umbau der Bundesagentur für Arbeit, 2005, Saarbrücken; Bonner Kommentar zum Grundgesetz 10/1994, Art. 87 Abs. II, S. 6; Eicher/Schlegel/*Theuerkauf*, SGB III 08/2004, § 367 Rn. 14.

[33] Hauck/Noftz/*Petzold*, SGB III 12/2017, § 367 Rn. 5.

Mitgliedschaft beruhen und in ihrer Willensbildung von den Mitgliedern getragen werden.[34] Gerade dieses Element fehlt der BA[35]. In dieser Hinsicht nimmt die BA eine Zwitterstellung ein, da sie zwar gegenüber den Versicherten („Beitragspflichtigen") körperschaftsähnliche Beziehungen unterhält, aber in ihrer selbstverwalteten Binnenstruktur nicht mitgliedschaftlich legitimiert ist.[36] Eigentlich wäre die BA demnach als Anstalt des öffentliches Rechts anzusehen. Andererseits ist der Gesetzgeber an den üblichen Sprachgebrauch nicht gebunden, jedenfalls will er die BA als Körperschaft behandelt sehen.[37] Dabei ist dem Gesetzgeber auch bekannt, dass die BA keine „lupenreine" Körperschaft darstellt, aber doch wegen der Nähe zu einer „echten" körperschaftlichen Verwaltung als „Körperschaft" und damit als Gebilde mit „Selbstverwaltung" anzusehen ist.[38] In der amtlichen Begründung zum AFRG[39] wird sinngemäß klargestellt, dass es sich um einen „sozialen Versicherungsträger" i. S. v. Art. 87 Abs. 2 GG[40] handelt. Jedoch besteht hier die Besonderheit, dass die Selbstverwaltungsgremien nur zu je einem Drittel mit Vertretern der Arbeitnehmer und der Arbeitgeber besetzt sind, aber auch zu einem Drittel mit Vertretern des öffentlichen Interesses (Drittelparität).[41] Diese Besonderheit bezüglich der Teilhabe am Verwaltungsgeschehen der BA stimmt damit überein, dass die Leistungen des Arbeitsförderungsrechts auch teilweise an Personen erbracht werden, die vorher nicht beitragspflichtig zur Arbeitslosenversicherung waren. Mit dem genannten Phänomen stimmt im Übrigen auch überein, dass die BA verbreitet nicht als „Träger der Arbeitslosenversicherung" bezeichnet wird, sondern als „Träger der Arbeitsförderung".[42] Die Fachliteratur folgt jedoch zum Teil einer Gegenauffassung: So vertritt Christoph Waibel[43] z. B. die These, die Rechtsnatur der BA sei mit dem Begriff Körperschaft nur ungenau bezeichnet. Sie sei vielmehr eine Einrichtung „sui generis", die außerhalb der klassischen Verwaltungstermini der Anstalt bzw. der Körperschaft im engeren Sinne stehe. Der Gesetzgeber habe damit einen neuen Typus einer Verwaltungseinrichtung kreiert. Wegen der in der Literatur gerügten fehlenden demokratischen Legitimation des Verwaltungsrats der BA dürfte es gleichwohl richtig sein, das Anordnungsrecht als Recht „sui generis" zu bezeichnen, das vom Gesetzgeber vorgefunden und als Normtyp nicht beanstandet worden ist.[44] Aus diesem Grund soll hier die

---

[34] Eicher/Schlegel/*Eicher*, SGB III 11/2011, Vor § 371, Rn. 6.
[35] *Clemens*, NZS 1994, 337, 342.
[36] Hauck/Noftz/*Petzold*, SGB III 12/2017, § 367 Rn. 5.
[37] Eicher/Schlegel/*Eicher*, SGB III 11/2011, Vor § 371, Rn. 6.
[38] GK-SGB III/*Marschner*, Stand 04/2016, § 367 Rn. 9.
[39] BT-Drs. 13/4941, S. 217.
[40] Spellbrink/Eicher/*Eicher*, Kasseler Handbuch des Arbeitsförderungsrechts, 2003, § 2 Rn. 3 Anm. zu Abb. 36, S. 47; GK-SGB III/*Marschner*, Stand 04/2016, § 367 Rn. 8.
[41] S. Abb. 1.
[42] GK-SGB III/*Marschner*, Stand 04/2016, § 367 Rn. 8.
[43] *Waibel*, ZfS 2004, 225 ff.
[44] *Clemens*, NZS 1994, 337, 342.

Sichtweise des Gesetzgebers als bevorzugt gesehen und damit die im Wortlaut des § 367 Abs.

SGB III enthaltene Bezeichnung „Körperschaft" als zutreffend betrachtet werden.[45]

(2) Die Selbstverwaltung

Die Selbstverwaltung der BA ist in § 367 Abs. 1 SGB III ausdrücklich normiert. Dieser Verwaltungsorganisationstyp bildet das Gegenstück zur unmittelbaren Staatsverwaltung. Dabei bedeutet „unmittelbare Staatsverwaltung" nach Maurer[46] eine Verwaltung durch staatliche Behörden. Sie ist – entsprechend der föderativen Struktur der Bundesrepublik – Bundesverwaltung oder Landesverwaltung. Nach der allgemeinen Kompetenzverteilungsregel des Art. 30 GG ist die Ausübung der staatlichen Befugnisse und die Erfüllung der staatlichen Aufgaben Sache der Länder, soweit das Grundgesetz keine andere Regelung (zugunsten des Bundes) trifft oder zulässt. Sie gilt auch und vor allem für die Verwaltung. Die näheren Regelungen ergeben sich aus den Kompetenzvorschriften des Art. 72 ff. GG für die Gesetzgebung und des Art. 83 ff. GG für die Verwaltung. Tatsächlich liegt trotz der Ausgangsbestimmung des Art. 30 GG der Schwerpunkt der Gesetzgebung beim Bund, der Schwerpunkt der Verwaltung liegt entsprechend dieser Ausgangsbestimmung hingegen bei den Ländern; dies ist der sogenannte Exekutivföderalismus. Maßgebend ist dabei vor allem der achte Abschnitt des Grundgesetzes: „Die Ausführung der Bundesgesetze und die Bundesverwaltung". Danach werden die Bundesgesetze in der Regel nicht durch die Bundesverwaltung, sondern durch die Länder und damit die Landesverwaltungen vollzogen. Die Einzelheiten ergeben sich aus den Art. 84, 85 GG. Der Bundesverwaltung verbleibt allerdings ein beachtlicher Bereich, der in den letzten Jahrzehnten sogar erheblich zugenommen hat. Art. 86 GG bestimmt die formalen Voraussetzungen und Modalitäten der Bundeseigenverwaltung. Die Gegenstände der Bundesverwaltung werden sodann in Art. 87 ff. GG aufgeführt.

Zusammengefasst lässt sich die unmittelbare und mittelbare Staatsverwaltung nach Detterbeck tabellarisch wie folgt darstellen:

---

[45] GK-SGB III/*Marschner*, Stand 04/2016, § 367 Rn. 10.
[46] Maurer, Allgemeines Verwaltungsrecht, 19. Aufl. 2017, § 22 Rn. 1.

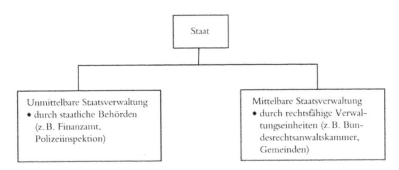

┌───┐
│   Staat   │
└───┘

Unmittelbare Staatsverwaltung	Mittelbare Staatsverwaltung
• durch staatliche Behörden (z. B. Finanzamt, Polizeiinspektion)	• durch rechtsfähige Verwaltungseinheiten (z. B. Bundesrechtsanwaltskammer, Gemeinden)

Tab. 2: Unmittelbare und mittelbare Staatverwaltung nach Detterbeck[47]

Zentrales Organ der Selbstverwaltung bei der BA ist der Verwaltungsrat. Der Verwaltungsrat ist gem. Art. 3 Abs. 1 der Satzung der BA das Überwachungs-, Beratungs und Legislativorgan der Bundesagentur für Arbeit. Er erlässt die Anordnungen nach dem SGB III und kann vom Vorstand die Vorlage von Anordnungsentwürfen verlangen.[48]

Der Verwaltungsrat setzt sich zu je einem Drittel aus Vertreterinnen und Vertretern der Arbeitnehmer, der Arbeitgeber und der öffentlichen Körperschaften zusammen (Drittelparität). Pro Gruppe werden sieben Mitglieder und fünf stellvertretende Mitglieder durch das Bundesministerium für Arbeit und Soziales berufen. Der Verwaltungsrat setzt sich aktuell wie folgt zusammen:

---

[47] *Detterbeck*, Allgemeines Verwaltungsrecht, 15. Aufl. 2017, Rn. 177-
[48] Satzung der Bundesagentur für Arbeit, 08.02.2016, S. 1

Gruppe der Arbeitnehmer	Gruppe der Arbeitgeber	Gruppe der öffentlichen Körperschaften
Annelie Buntenbach *Deutscher Gewerkschaftsbund*	Bertram Brossardt *Vereinigung der Bayerischen Wirtschaft e.V.*	Ines Feierabend *Thüringer Ministerium für Arbeit, Soziales, Gesundheit, Frauen und Familie*
Johannes Jakob *Deutscher Gewerkschaftsbund*	Peter Clever *Bundesvereinigung der Deutschen Arbeitgeberverbände*	Martin Günthner *Der Senator für Wirtschaft, Arbeit und Häfen, Freie Hansestadt Bremen*
Petra Reinbold-Knape *Industriegewerkschaft Bergbau, Chemie, Energie*	Nina Günther *Siemens AG*	Kornelia Haugg *Bundesministerium für Bildung und Forschung*
Dietmar Schäfers *Industriegewerkschaft Bauen-Agrar-Umwelt*	Ingrid Hofmann *Bundesarbeitgeberverband der Personaldienstleister*	Johannes Hintersberger *Bayerisches Staatsministerium für Arbeit und Soziales, Familie und Integration*
Burkhard Siebert *Gewerkschaft Nahrung-Genuss-Gaststätten*	Christina Ramb *Bundesvereinigung der Deutschen Arbeitgeberverbände*	Dr. Elisabeth Neifer-Porsch *Bundesministerium für Arbeit und Soziales*
Dr. Hans-Jürgen Urban *Industriegewerkschaft Metall*	Karl-Sebastian Schulte *Zentralverband des Deutschen Handwerks, Unternehmerverband Deutsches Handwerk*	Dr. Philipp Steinberg *Bundesministerium für Wirtschaft und Energie*
Eva Maria Welskop-Deffaa *Vereinte Dienstleistungsgewerkschaft ver.di*	Oliver Zander *Arbeitgeberverbände der Metall- und Elektro-Industrie (Gesamtmetall e.V.)*	Prof. Eberhard Trumpp *Landkreistag Baden-Württemberg*

Abb. 2: Verwaltungsrat der BA, 65. Geschäftsbericht der BA 2016, S. 99

Weiterhin stellt der Verwaltungsrat gem. § 71a Abs. 1 SGB IV den vom Vorstand aufgestellten Haushaltsplan der Bundesagentur für Arbeit fest, entscheidet über die Grundsätze zur Verteilung der Mittel und genehmigt über- und außerplanmäßige Ausgaben gem. § 73 Abs. 1 SGB IV. Außerdem schlägt der Verwaltungsrat der Bundesregierung die Ernennung und die Entlassung der/des Vorstandsvorsitzenden und der übrigen Mitglieder des Vorstands der BA gem. § 382 Abs. 1 SGB III vor. Folgende weitere Aufgaben nimmt der Verwaltungsrat gem. Art. 3 Abs. 5 der Satzung der BA wahr:

- das Einholen von Stellungnahmen des Vorstands zu Prüfberichten und Beschwerden,
- die Feststellung, dass ein Mitglied des Verwaltungsrats seine Amtspflicht grob verletzt hat,
- die Herausgabe von Empfehlungen zu den Aufgaben und der Aufgabenerledigung der Verwaltungsausschüsse.

Das Selbstverwaltungsrecht bedeutet für die BA, dass sie im Rahmen des Verwaltungsvollzugs über eine gewisse Selbstständigkeit verfügen muss. Diese Selbstständigkeit wird auf der normativen Ebene insbesondere durch die Einräumung von Ermessen gewährleistet. Allerdings darf dieser Gestaltungsspielraum nicht den weitreichenden Aufsichtsbefugnissen des Bundes entgegenwirken.[49] Deswegen konzentriert sich die Aufsicht des zuständigen Bundesministeriums für Arbeit und Soziales (BMAS)[50] grundsätzlich nur auf die Rechts- und Fachaufsicht.[51] Diese beschränkt sich sowohl auf die Kontrolle der Rechtmäßigkeit des Verwaltungshandelns als auch in vollem Umfang auf die Zweckmäßigkeit von Ermessensentscheidungen.

In Abbildung 3 wird die Gliederung der Selbstverwaltung der BA zusammenfassend erläutert:

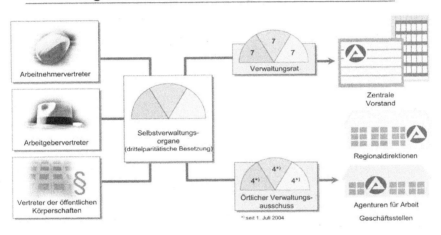

Abb. 3: Gliederung der Selbstverwaltung, Mai 2010, © Bundesagentur für Arbeit

(3) Gliederung der BA

Die organisatorische Aufgliederung der BA ist rechtlich in § 367 Abs. 2 und 3 SGB III ausdrücklich in drei Verwaltungsebenen festgeschrieben, wobei die Aufgliederung in Abs. 2 S. die eigent-

---

[49] *Seewald*, SGb, https://www.diesozialgerichtsbarkeit.de/SGB.10.2006.569
[50] Gagel/*Wendtland*, 67. EL September 2017, SGB II § 47 Rn. 6-12.
[51] § 393 Abs. 1 SGB III; *Mutschler/Schmidt-De Caluwe/Coseriu,* Sozialgesetzbuch III, 6. Auflage 2016, § 367 Rn 3; § 401 Abs. 2 SGB II a.F.

liche Grundnorm darstellt und Abs. 3 lediglich die Aufgaben und die Wirkungsweise der Regionaldirektionen näher beschreibt. Hierbei handelt es sich um rein organisatorische Gliederungen, welche noch durch die Existenz von besonderen Dienststellen[52] ergänzt werden.[53]

Im Zuge des Inkrafttretens des Gesetzes für „moderne Dienstleistung am Arbeitsmarkt" (sog. „Hartz-Kommission") zum Stichtag 01.01.2004 erfolgte eine Umbenennung[54] der Dienststellen.[55] Die Umbenennung stellt nach außen ein signifikantes Merkmal der organisatorischen Veränderung dar und soll im Rahmen eines neuen „Corporate Design" im Innenverhältnis der BA die notwendige Aufbruchsstimmung erzeugen und damit deren Neuausrichtung zu einem effizienten und kundenorientierten Dienstleistungsunternehmen befördern.[56]

Die Hauptstelle (obere Verwaltungsebene) heißt seitdem Zentrale, aus den Landesarbeitsämtern (mittlere Verwaltungsebene) wurden die Regionaldirektionen und aus den Arbeitsämtern (untere Verwaltungsebene) wurden die Agenturen für Arbeit. Bei diesen Dienststellen handelt es sich weiterhin um Behörden im Sinne von § 1 Abs. 2 SGB X. Diese Legaldefinition folgt der inhaltsgleichen Definition des Begriffs Behörde in § 1 Abs. IV VwVfG. Der Begriff Behörde wird im Bundesrecht nicht einheitlich definiert. Das BVerfG versteht unter einer Behörde ganz allgemein „eine in den Organismus der Staatsverwaltung eingeordnete, organisatorische Einheit von Personen und sächlichen Mitteln, die mit einer gewissen Selbstständigkeit ausgestattet dazu berufen ist, unter öffentlicher Autorität für die Erreichung der Zwecke des Staates oder von ihm geförderter Zwecke tätig zu sein".[57]

Der dreistufige Aufbau, der die Arbeitsverwaltung bisher geprägt hat, war im Gesetzgebungsverfahren umstritten. Nach dem Entwurf des Dritten Gesetzes für moderne Dienstleistungen am Arbeitsmarkt sollten die Regionaldirektionen zu den fakultativ einzurichtenden Dienststellen gehören.[58] Dem ist der Bundesrat in seiner Stellungnahme entgegengetreten: Die Landesarbeitsämter seien als Ansprechpartner der Landesregierung in Arbeitsmarktfragen nicht zu ersetzen. Die Auffassung des Bundesrates konnte sich im weiteren Gesetzgebungsverfahren durchsetzen, mit der Folge, dass die Mittelinstanz der Regionaldirektionen weiterhin obligatorisch einzurichten ist.

Die Frage, auf welcher Verwaltungsebene die Aufgaben der BA wahrzunehmen sind, wird im SGB III nur teilweise beantwortet. Nachdem § 371 aF mit seinen Leitlinien für eine Aufgabenverteilung auf die verschiedenen Verwaltungsebenen ersatzlos weggefallen ist, verbleiben § 367

---

[52] S. Tab. 2.
[53] GK-SGB III/*Marschner*, Stand 04/2016, § 367 Rn. 12-13.
[54] BT-Drs. 15/1515, S. 72; Aufbau und Organisation der Bundesagentur für Arbeit, Bundesagentur für Arbeit.
[55] BT-Drs. 15/1515, S. 71.
[56] *Waibel*, ZfS 8/2004, S. 225.
[57] BVerfG 10; 20; 48; BT-Drs. 8/2034, S. 8; Eichenhofer/Wenner/SGB X/*Löcher*, 2017 Köln, S. 2; *Detterbeck*, Allgemeines Verwaltungsrecht, 15. Aufl., 2017, Rn. 427 ff.
[58] BT-Drs. 15/1515, S. 72.

Abs. 3 SGB III (Aufgaben der Regionaldirektionen) sowie § 9 Abs. 1 SGB II (Grundsatz der ortsnahen Leistungserbringung) als gesetzliche Vorgaben. In diesem Rahmen entscheidet die BA aufgrund ihrer Organisationshoheit über die Aufgabenerledigung, wobei eine Orientierung nach dem Grundsatz der Zweckmäßigkeit zu erfolgen hat.

Die dreistufige Gliederung setzt sich wie folgt zusammen: Die Zentrale ist die strategische Steuerungs- und Entwicklungseinheit. Sie ist für den Erfolg der BA insgesamt verantwortlich. Zu den Aufgaben der Zentrale gehört zum einen die ergebnisorientierte Führung und Steuerung sowie die Vorgabe strategischer Ziele. Zum anderen hat die Zentrale wirkungsvolle Produkte und Handlungsprogramme für den Arbeitsmarkt zu entwickeln.

Die derzeit zehn Regionaldirektionen, die im direkten Führungsdialog von der Zentrale gesteuert werden, haben primär die Aufgabe, die Agenturen ihres Bezirks mit eigener Verantwortung für den Erfolg der regionalen Arbeitsmarktpolitik zu führen; zudem sind sie zur Zusammenarbeit mit den Landesregierungen verpflichtet.[59]

Auf der unteren Ebene stehen die Agenturen für Arbeit, denen grundsätzlich die Aufgabe obliegt, die Leistungen nach diesem Gesetz zu erbringen. Damit wird dem Grundsatz der ortsnahen Leistungserbringung gem. § 9 Abs. 1 S. 1 SGB II Rechnung getragen. Im Rahmen der Umorganisation der BA wurde die Zahl der Agenturen von 176 auf 156 verringert. Mit dem Neuzuschnitt der Agenturbezirke soll durch Anpassung an die Grenzen der Landkreise und kreisfreien Städte erreicht werden, dass Landräte und Bürgermeister künftig nur noch eine Agentur als Ansprechpartner haben. Ferner nehmen die Agenturen für Arbeit zusammen mit den kreisfreien Städten und Landkreisen die Aufgaben der beiden Träger der Grundsicherung in derzeit 303 gemeinsamen Einrichtungen (Jobcentern) wahr.[60]

Damit die Aufgabenerfüllung ortsnah gewährleistet wird, sind derzeit ca. 600 Geschäftsstellen als unselbstständige Nebenstellen[61] eingerichtet. Eine Deckungsgleichheit der örtlichen Zuständigkeiten mit kommunalen Grenzen ist zwar im Gegensatz zum früheren Rechtszustand nicht mehr vorgegeben,[62] wird vom Gesetzgeber aber weiterhin als Normalfall betrachtet, so zum Beispiel in § 44b Abs. 1 S. 2 SGB II.[63]

Zur Errichtung von besonderen Dienststellen, d. h. autonome Behörden, wird die BA durch den § 367 Abs. 2 S. 2 SGB III ermächtigt.[64] Jedoch kommt die Schaffung solcher Dienststellen nur

---

[59] Vgl. § 367 Abs. 3 SGB III.
[60] §§ 6, 6 d, 44 b SGB II; zu den aktuell 105 zugelassenen kommunalen Trägern s. §§ 6 a und 6 b SGB II.
[61] BT-Drs. 13/4941 S. 217.
[62] Hauck/*Noftz-Petzold*, § 367 SGB III Rn. 11.
[63] Gagel/Wendtland, 67. EL 09/ 2017, SGB III § 367 Rn. 22; Mutschler/Schmidt-De-Caluwe/Coseriu/*Pfeiffer*, Sozialgesetzbuch III, 6. Auflage 2016, § 367 Rn. 17; BT-Drs. 15/1515,104.
[64] bisher § 368 Abs. 3 aF.

für derartige Aufgaben in Betracht, bei denen eine zentrale Wahrnehmung wirtschaftlich und zweckmäßig ist.[65]

Neben den vierzehn Familienkassen, welche für das Kindergeld sowie den Kinderzuschlag zuständig sind, existieren zurzeit folgende besondere Dienststellen:

Die Zentrale Auslands- und Fachvermittlung (ZAV)	Das BA-Service-Haus	Das Institut für Arbeitsmarkt- und Berufsforschung (IAB)	Das IT-Systemhaus
ist als Personaldienstleister der BA insbesondere mit der Auslandsvermittlung sowie der Vermittlung spezifischer Personengruppen (Führungskräfte, Künstler, schwerbehinderte Akademiker) betraut. Die ausdrückliche Nennung der ZAV im Gesetz[66] ist weggefallen, so dass ihr Bestand von der Organisationsentscheidung der BA abhängt.	hat zahlreiche Serviceaufgaben für die Dienststellen und die Mitarbeiter wahrzunehmen (z. B. in den Bereichen Personal, Finanzen und Einkauf).	hat die Aufgabe, den Arbeitsmarkt zu erforschen, um kompetente Politikberatung zu ermöglichen.	nimmt unterstützende Aufgaben im IT-Bereich wahr (u. a. Systementwicklung, Betrieb der IT-Infrastruktur, umfassender IT-Service).

Mit Blick auf die effizientere und effektivere Erbringung von Dienstleistungen am Arbeitsmarkt[67] sowie um die zuverlässige Pflichterfüllung gem. § 368 Abs. 1 S. 1 SGB III zu garantieren, werden die Qualität und Kompetenz der Führungskräfte und das Fachwissen des Personals der Bundesagentur für Arbeit ständig durch Schulungen, Fortbildungen, aber auch Weiterbildung durch ein Studium in den folgenden Dienststellen aktualisiert:[68]

Die Führungsakademie der BA	Die Hochschule der BA Mannheim und Schwerin
ist zuständig für die Schulung der oberen Führungskräfte sowie für die Entwicklung von Qualifizierungskonzepten für alle Mitarbeiter der BA.	ermöglicht die Ausbildung der Nachwuchskräfte auf Fachhochschulniveau in zwei Bachelorstudiengängen; seit Oktober 2015 zudem in einem berufsbegleitenden Masterstudiengang.[69]

Tab. 3. Übersicht über die besonderen Dienststellen der Bundesagentur für Arbeit, eigene Darstellung

---

[65] § 368 Abs. 3 S. 1 aF.
[66] § 368 Abs. 1 S. 2 aF
[67] BT-Drs. 15/1515, S. 72.
[68] Mutschler/Schmidt-De Caluwe/Coseriu/*Pfeiffer*, Sozialgesetzbuch III, 6. Auflage 2016, § 368 Rn. 2; Gagel/*Wendtland*, SGB III, Stand 12/2015, § 368 Rn. 1; Brand/*Düe*, SGB III, § 368 Rn. 2.
[69] *Mutschler/Schmidt-De Caluwe/Coseriu*, Sozialgesetzbuch III, 6. Auflage 2016, § 367 Rn 2.

B. Die rechtliche Perspektive auf Befristungen

I. Motive für den Einsatz befristeter Beschäftigung

Nach der Vorstellung des Gesetzgebers sind in Deutschland unbefristete Arbeitsverhältnisse der Normalfall der Beschäftigung und der befristete Arbeitsvertrag soll nach wie vor die Ausnahme bilden.[70] Dies soll auch aus sozialpolitischen Gründen der Regelfall bleiben.[71] Doch die Praxis nutzt weithin die Möglichkeit des personalpolitischen Instruments der Befristung (insbesondere der sachgrundlosen), so dass für jüngere Arbeitnehmer und Berufseinsteiger der befristete Arbeitsvertrag „normal" erscheint.[72] Die Begründung hierfür liegt auf der Hand, bietet doch aus Sicht des Arbeitgebers der befristete Arbeitsvertrag nur Vorteile. Er schränkt das Risiko des Arbeitgebers bei der Beendigung von Arbeitsverhältnissen ganz erheblich ein. Diese enden, ohne dass es einer Kündigung bedarf. Folglich gelangen weder die Vorschriften über den allgemeinen Kündigungsschutz nach KSchG noch über den besonderen Kündigungsschutz zur Anwendung.[73]

Des Weiteren erleichtert die befristete Beschäftigung die Anpassung des betrieblichen Arbeitskräftepotenzials an die Konjunktur sowie die Senkung von Arbeitskosten. Außerdem sollen die Überstunden in konjunkturellen Aufschwungsphasen dadurch reduziert werden, da der Arbeitgeber generell dazu neigt, den Mehrbedarf an Arbeit zunächst mit Überstunden abzufangen.[74] Jedoch dienen die Zeitverträge auch als „Alternative zur Arbeitslosigkeit" und „Brücke zur Dauerbeschäftigung"[75] und verbessern somit die Lage auf den Arbeitsmarkt. Aus der Sicht des Gesetzgebers ist die befristete Beschäftigung vor allem ein beschäftigungspolitisches Mittel, welches die Wirtschaft dazu veranlassen soll, mehr Neueinstellungen vorzunehmen. So soll die Befristung vor allem die Einstellungschancen von Problemgruppen, wie insbesondere junge Arbeitssuchende, Frauen, Ausländer und Schwerbehinderte, verbessern.

Im Rahmen des IAB-Betriebspanels wurden die Motive für den Einsatz befristeter Beschäftigter aus der Sicht der Arbeitgeber bislang einmalig im Jahr 2009 erhoben. Konkret wurden die Arbeitgeber nach dem für ihren Betrieb respektive ihre Dienststelle wichtigsten Befristungsmotiv gefragt.[76]

Die Gewichtung der im IAB-Betriebspanel erfragten Befristungsmotive legt die Einschätzung nahe, dass befristete Beschäftigung in privatwirtschaftlichen Betrieben sowohl eine Screening- als auch eine Flexibilitätsfunktion erfüllt, während sie im öffentlichen Dienst insbesondere der

---

[70] BAG 08.08.2007 – 7 AZR 855/06, NZA 2008, S. 231.
[71] BT/Drs.14/4374, S. 12.
[72] *Lakies*, Befristete Arbeitsverträge (eBook), 3. Aufl., 2014, S. 5.
[73] *Hamann*, Befristete Arbeitsverträge, 2014, S. 16.
[74] *Persch*, Kernfragen des Befristungsrechts, 2009, S. 18.
[75] *Höpfner*, NZA 2011, 893.
[76] *Hohendanner/Ramos Lobato*, Die personalpolitische Funktion befristeter Beschäftigung im öffentlichen Dienst, WSI Mitteilungen 2017, S. 47.

Lösung des Diskontinuitätsproblems dient. So nennt eine knappe Mehrheit der privaten Arbeitgeber die Erprobung neuen Personals als wichtigstes Befristungsmotiv (28 %). Zugleich betont
ein nennenswerter Anteil der privatwirtschaftlichen Unternehmen, dass sie befristete Arbeitsverträge vordringlich abschließen, um wirtschaftliche Unsicherheiten flexibel begegnen (24,8 %)
oder einen vorübergehenden Zusatzbedarf an Arbeitskräften decken zu können (20,7 %). Dem-
gegenüber benennen zusammengenommen über 80 % der öffentlichen Einrichtungen mit der Vertretung, fehlenden Planstellen, dem temporären zusätzlichen Personalbedarf sowie der wirtschaft-
lichen Unsicherheit jene Befristungsmotive als die für sie wichtigsten, die auf die personalpolitische Bewältigung von Diskontinuitäten des Personalbedarfs verweisen. Die Verlängerung der
Erprobungsphase neuer Mitarbeiterinnen und Mitarbeiter dagegen ist nur für knapp 10 % der
öffentlichen Arbeitgeber der Hauptgrund, befristete Arbeitsverträge abzuschließen.[77]

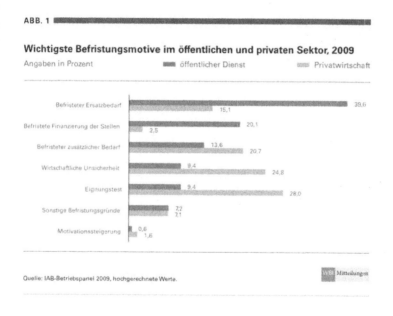

ABB. 1

Wichtigste Befristungsmotive im öffentlichen und privaten Sektor, 2009

Angaben in Prozent ■■■ öffentlicher Dienst ▨▨ Privatwirtschaft

Motiv	öffentlicher Dienst	Privatwirtschaft
Befristeter Ersatzbedarf	15,1	39,6
Befristete Finanzierung der Stellen	2,5	20,1
Befristeter zusätzlicher Bedarf	13,6	20,7
Wirtschaftliche Unsicherheit	9,4	24,8
Eignungstest	9,4	28,0
Sonstige Befristungsgründe	7,2	7,1
Motivationssteigerung	0,6	1,6

Quelle: IAB-Betriebspanel 2009, hochgerechnete Werte.

WSI Mitteilungen

Abb. 4: Wichtigste Befristungsmotive im öffentlichen und privaten Sektor, WSI Mitteilungen 2017, S. 49

---

[77] *Hohendanner/Ramos Lobato*, Die personalpolitische Funktion befristeter Beschäftigung im öffentlichen Dienst, WSI Mitteilungen 2017, S. 49.

II. Historische Entwicklung des Befristungsrechts

Bis zum 31.12.2000[78] war das Recht der Befristung von Arbeitsverhältnissen unübersichtlich geregelt und war daher lange Zeit reines Richterrecht.[79] Bis dahin erlaubte die Grundnorm § 620 BGB den Abschluss befristeter Arbeitsverträge. Dies hatte zur Folge, dass der dem Arbeitnehmer zustehende Kündigungsschutz umgangen werden konnte. Deshalb hatte das BAG schon im Jahre 1960[80] entschieden, dass ein Arbeitsverhältnis nur dann befristet abgeschlossen werden darf, wenn ein sachlicher Grund auf die Befristung vorliege, der es rechtfertigt, dass ein Arbeitsverhältnis zum Zeitpunkt des Befristungsablaufs endet, ohne dass sich der Arbeitnehmer vergleichbar dem Kündigungsschutz dagegen wehren kann. Hierher rührt bis heute der im Zusammenhang mit Befristungen maßgebliche „sachliche Grund".

Um Anreize für mehr Einstellungen zu schaffen, erließ der Gesetzgeber im Jahre 1985 das erste Beschäftigungsförderungsgesetz (BeschFG), das es als Reaktion auf die Rechtsprechung des BAG erlaubte, Neueinstellungen auch ohne sachlichen Grund für 18 Monate befristet vorzunehmen.[81] Die Erweiterung des Gesetzes erfolgte zum 01.10.1996 durch die Neufassung des § 1 BeschFG. Da die Befristungsregeln des BeschFG gem. § 1 Abs. 6 BeschFG zum 31.12.2000 ausliefen, hat das Bundeskabinett am 27.09.2000 den Entwurf eines Gesetzes über Teilzeitarbeit und befristete Arbeitsverträge sowie zur Änderung und Aufhebung arbeitsrechtlicher Bestimmungen verabschiedet.[82] Mit dem am 01.01.2001 in Kraft tretenden Gesetz über Teilzeit und befristete Arbeitsverhältnisse (TzBfG) hat der Gesetzgeber erstmals das Recht der Befristung von Arbeitsverhältnissen zusammengefasst und über weitere Strecken kodifiziert. Damit hat er seiner Verpflichtung genügt, die RL 1999/70/EG[83] von 28.06.1999 über befristete Arbeitsverträge, deren Umsetzungsfrist am 20.07.2001 abgelaufen wäre, in nationales Recht umzusetzen.

Die an die Mitgliedsstaaten der EG gerichtete Richtlinie 1999/70/EG über befristete Arbeitsverhältnisse[84] dient der Umsetzung der von den Sozialpartnern UNICE (Union der Industrie- und Arbeitgebervereinigungen Europas, jetzt BusinessEurope), CEEP (Europäischer Verband der öffentlichen Arbeitgeber und Unternehmen) und EGB (Europäischer Gewerkschaftsbund) im Rahmen des sozialen Dialogs[85] vereinbarten Rahmenvereinbarung über befristete Arbeitsverträge. Die materiell-rechtlichen Bestimmungen der Richtlinie finden sich nicht im Artikelteil der Richtlinie, sondern in einer der Richtlinie als Anlage beigefügten Rahmenvereinbarung über befristete

---

[78] HK-ArbR/*Tillmanns*, 4. Aufl. 2017, § 14 TzBfG Rn. 1.
[79] *Bauer*, Tückisches Befristungsrecht, NZA 2011, 241-249, S. 241.
[80] BAG GS 12.10.1960 – GS 1/59, AP BGB § 620 Befristeter Arbeitsvertrag Nr. 16.
[81] Vgl. HK-ArbR/*Tillmanns*, 4. Aufl. 2017, § 14 TzBfG Rn. 74.
[82] *Preis/Gotthardt*, DB 2000, S. 2065.
[83] BT/Drs. 14/4374, S. 1.
[84] Richtlinie v. 28.06. 1999, ABlEG Nr. L 175, S. 43.
[85] Art. 154 AEUV.

Arbeitsverträge (BRV). So ist die Zulässigkeit der Befristung des Arbeitsverhältnisses in § 5 BRV geregelt.[86]

Insgesamt lassen sich die gesetzlichen Änderungen zu befristeten Arbeitsverträgen wie folgt zusammenfassen:

Gesetz	Inhalt	Gültig ab/bis
BeschFG 1985	1. Zulassung von einmalig befristeten Arbeitsverträgen bis 18 Monate ohne sachlichen Grund bei Neueinstellung oder bei Weiterbeschäftigung von Azubis nach der Lehre, sofern kein Dauerarbeitsplatz vorhanden ist 2. Befristung in neu gegründeten Betrieben bis 24 Monate zulässig, sofern kein enger sachlicher Zusammenhang zu einem vorausgegangenen Arbeitsvertrag beim selben Arbeitgeber besteht (Zeitraum von weniger als 4 Monaten)	1.5.1985 bis 31.12.1989
BeschFG 1990	Verlängerung des BeschFG 1985	bis 31.12.1995
BeschFG 1994	Verlängerung des BeschFG 1985	bis 31.12.2000
Arbeitsrechtliches Beschäftigungsförderungsgesetz 1996	1. Verlängerung der zulässigen Befristungsdauer ohne sachlichen Grund auf 24 Monate 2. Drei (nahtlose) Verlängerungen innerhalb der Höchstdauer möglich 3. Befristete Arbeitsverträge mit Arbeitnehmern ab 60 Jahren ohne Einschränkungen zulässig 4. Wegfall des Erfordernisses eines fehlenden Dauerarbeitsplatzes für die befristete Übernahme von Auszubildenden als Arbeitnehmer	1.10.1996 bis 31.12.2000

---

[86] Kittner/*Lakies*, Arbeitsrecht, 9. Aufl., 2017, § 114 R. 5 ff.

Gesetz über Teilzeitarbeit und befristete Arbeitsverträge 2000 (TzBfG)	Umsetzung der EU-Richtlinie 1999/70/EG vom 28.6.1999 zu Mindeststandards für befristete Arbeitsverträge 1. Aufnahme sachlicher Gründe für Befristung in das Gesetz 2. Befristete Arbeitsverträge mit Arbeitnehmern ab 58 Jahren ohne sachlichen Grund zulässig	ab 01.01.2001
Erstes und Zweites Gesetz für „Moderne Dienstleistungen am Arbeitsmarkt" 2002 (sog. Hartz-Kommission)	Befristete Arbeitsvertrage mit Arbeitnehmern ab 52 Jahre ohne sachlichen Grund zulässig	ab 01.01.2003

Tab. 4: Gesetzliche Änderungen zu befristeten Arbeitsverträgen nach Rudolph[87]

III. Sinn und Zweck der Befristungstatbestände

In erster Linie bezweckt das TzBfG, die gesetzliche Zulässigkeit befristeter Arbeitsverträge sowie die Diskriminierung der befristeten Beschäftigten zu verhindern. Die einzelnen Befristungstatbestände dienen dabei der Vorstellung des Gesetzgebers sowie der literarischen Meinung nach der Rechtssicherheit, Rechtsklarheit sowie der Transparenz. Als Folge dessen darf der Arbeitgeber sich nicht auf Sachgründe berufen, die einer Befristungsgrundform zuzuordnen sind, die im Arbeitsvertrag nicht vereinbart wurde.[88] Des Weiteren sollen die einzelnen Befristungsabreden den wiederholten Rückgriff auf befristete Arbeitsverträge zu Lasten des Arbeitnehmers eingrenzen und somit einen potentiellen Missbrauch verhindern.

IV. Die einzelnen Befristungstatbestände

Die Befristung eines Arbeitsvertrags setzt eine gesetzliche Erlaubnis voraus. Fehlt diese, ist die Befristung unwirksam und der befristete Arbeitsvertrag gilt dann nach § 16 S. 1 TzBfG als auf unbestimmte Zeit geschlossen.[89] Diese gesetzlich vorgesehene Erlaubnis ist derzeit in § 3 Abs. 1

---

[87] Linne/Vogel/*Rudolph,* Leiharbeit und befristete Beschäftigung, Arbeitspapier 68 der Hans-Böckler-Stiftung, 06/2003, S. 11.
[88] *Hunold,* Befristungen im öffentlichen Dienst, NZA-RR 2005, S. 450.
[89] BAG 27.10.2010 – 7 AZR 485/09 (A), NZA-RR 5/2011, S. 273.

TzBfG definiert und unterscheidet zwei Arten der Befristung: Befristung mit Sachgrund sowie die erleichterte Befristung ohne sachlichen Grund. Der Begriff „sachlicher Grund" wird vom EuGH[90] im Sinne des § 5 Nr. 1 lit. a der Rahmenvereinbarung dahingehend verstanden, dass er genau bezeichnete, konkrete Umstände meint, die eine bestimmte Tätigkeit kennzeichnen und daher in diesem speziellen Zusammenhang die Verwendung aufeinanderfolgender befristeter Arbeitsverträge rechtfertigen können. Diese Umstände können sich etwa aus der besonderen Art der Aufgaben, zu deren Erfüllung diese Verträge geschlossen worden sind, und deren Wesensmerkmalen ergeben.[91]

Daneben definiert § 21 TzBfG auch auflösende Bedingungen als mögliche Zeitbeschränkungen der Dauer eines Arbeitsverhältnisses.[92]

Die folgende Übersicht fasst die einzelnen Befristungstatbestände zusammen:

Grundsatz: Befristung mit Sachgrund	Ausnahme: Erleichterte Befristung ohne sachlichen Grund
§ 14 Abs. I TzBfG 1. vorübergehender Bedarf 2. Tätigkeit in Anschluss an eine Ausbildung/Schule 3. Vertretung 4. Eigenart der Arbeitsleistung 5. Erprobung 6. Gründe in Person des Arbeitnehmers 7. Haushaltrechtlich befristete Stelle 8. Gerichtlicher Vergleich Wichtig: Aufzählung ist gem. § 14 Abs. I S. 1 TzBfG nicht abschließend § 21 BEEG	Zulässigkeitsvoraussetzungen: • Neueinstellung • Gesamtdauer: 2 Jahre • 3x Verlängerung im 2-Jahres-Zeitraum möglich Wichtig: Anschlussbefristung ohne Sachgrund unzulässig, § 14 Abs. II S. 1 TzBfG Sonderregelungen: • tarifliche Befristungsregelungen § 14 Abs. II S.3, 4 TzBfG • Befristungen bei Neugründungen § 14 Abs. IIa TzBfG • Befristung bei Vollendung des 52. Lebensjahres

Tab. 5: Übersicht: Befristungstatbestände nach Hamann[93]

Mit dem in § 14 Abs. 1 TzBfG grundsätzlich aufgestellten Erfordernis des Vorliegens eines Sachgrundes für die wirksame Befristung eines Arbeitsvertrages bringt das Gesetz zum Ausdruck, dass der unbefristete Arbeitsvertrag die Regel, der befristete Arbeitsvertrag die Ausnahme sein soll.[94] Während der Gesetzgeber die Begriffe des befristet beschäftigten Arbeitnehmers sowie des

---

[90] 04.07.2006 NZA 2006, 909; 24.04.2009 – C-519/08;
[91] ErfK/*Müller-Glöcke*, TzBfG § 1 Rn. 4.
[92] GKÖD/*Künzel*, Bd. IV RAuA Lfg. 3/12 – V.12, E § 30 Rn. 5.
[93] *Hamann*, Befristete Arbeitsverträge, S. 37.
[94] *Däubler,* Das neue Teilzeit- und Befristungsgesetz, ZIP 2001, S. 217.

befristeten Arbeitsvertrages in § 3 TzBfG definiert, fehlt eine Begriffsbestimmung zu dem die Befristung eines Arbeitsvertrages rechtfertigenden „sachlichen Grund". Das Gesetz gibt keine allgemeinen Kriterien für den Sachgrund an, sondern verwertet die Erkenntnisse der Rechtsprechung des BAG mit einer beispielhaften Aufzählung von sachlichen Befristungsgründen in § 14 Abs. 1 S. 2 Nr. 1-8 TzBfG[95], um damit Eckpunkte für den unbestimmten Rechtsbegriff des „sachlichen Grundes" zu setzten. Dieser Katalog gesetzlich anerkannter Befristungsgründe schafft Maßstäbe für eine Typologie des Sachgrundes. Die gesetzliche Aufzählung von acht Gründen ist nicht erschöpfend, wie das Wort „insbesondere" in § 14 Abs. 1 S. 2 1. Hs. TzBfG zeigt.[96] Ferner gibt es auch keine Befristungshöchstdauer. Die vereinbarte Vertragsdauer muss sich aber am Sachgrund der Befristung orientieren und so mit ihm im Einklang stehen, dass sie den Sachgrund nicht in Frage stellt. Grundsätzlich können die Arbeitsparteien auch wiederholt befristete Arbeitsverträge abschließen, die gegebenenfalls auch unmittelbar aneinander anschließen[97] (sogenannte Kettenbefristungen). Das BAG hat die Zulässigkeit mehrfach befristeter Arbeitsverträge grundsätzlich anerkannt.[98] Im Rahmen der gerichtlichen Kontrolle von Kettenbefristungen stellte es ausschließlich auf die Wirksamkeit der Befristung im letzten Arbeitsvertrag ab. Es sei nur der letzte der aufeinanderfolgenden befristeten Arbeitsverträge auf das Vorliegen eines Sachgrundes zu prüfen. Das BAG vertrat die Ansicht, dass mit dem Abschluss eines neuen befristeten Arbeitsvertrages der vorherige befristete Arbeitsvertrag beendet sei und grundsätzlich keine eigenständige Bedeutung mehr habe.[99]

Die Literatur bejaht im Einklang mit der Rechtsprechung des BAG die grundsätzliche Zulässigkeit des Abschlusses von Kettenarbeitsverträgen und hält bei mehreren aufeinanderfolgenden befristeten Arbeitsverträgen nur den letzten Arbeitsvertrag auf das Vorliegen eines sachlichen Grundes hin für überprüfbar.[100] Wenn die letzte Befristung zulässig sei, könne sich weder aus der Anzahl noch aus den Umständen der zuvor abgeschlossenen befristeten Arbeitsvertrag die Unzuläs-

---

[95] *Däubler*, Das neue Teilzeit- und Befristungsgesetz, ZIP 2001, S. 222-223.

[96] KR/*Lipke*, 11. Aufl., 2016, § 14 TzBfG, Rn. 111.

[97] Deutscher Bundestag - Wissenschaftliche Dienste: Befristete Beschäftigung und Arbeitnehmerüberlassung. Wesentlichen Regelungen in Deutschland. Ausarbeitung WD 6 - 3000 - 032/17 v. 22. Mai 2017, S. 5 https://www.bundestag.de/blob/514132/3c04f4aa08e87d4843ff51a4c97ffdaf/wd-6-032-17-pdf-data.pdf; Deutscher Bundestag – Wissenschaftliche Dienste: Kettenbefristungen. Juristische Diskussion und Stand der Rechtsprechung. Ausarbeitung WD 6 – 3000 – 189/14 v. 30. September 2014 http://www.bundestag.de/blob/408470/0d56ec553437321422a2e8aa5ba77099/wd-6-189-14-pdf-data.pdf

[98] BAG, Urteil vom 26. Juli 2000 – 7 AZR 43/99, NZA 2001, 264; BAG, Urteil vom 14. Februar 2007 – 7 AZR 95/06, NZA 2007, 803; BAG, Urteil vom 20. Januar 2010 – 7 AZR 542/08, NZA 2011, 366

[99] Deutscher Bundestag – Wissenschaftliche Dienste: Kettenbefristungen. Juristische Diskussion und Stand der Rechtsprechung. Ausarbeitung WD 6 – 3000 – 189/14 v. 30. September 2014, S. 5 http://www.bundestag.de/blob/408470/0d56ec553437321422a2e8aa5ba77099/wd-6-189-14-pdf-data.pdf

[100] Statt aller: ErfK/*Müller-Glöcke*, 18. Aufl., 2018 § 14 TzBfG, Rn. 9.

sigkeit der letzten Befristung ergeben. Da es sich um jeweils neue, voneinander unabhängig abgeschlossene Arbeitsverträge handelt, komme dem vormaligen Arbeitsvertrag keine eigenständige Bedeutung zu.

Die Regelung der Befristung ohne Sachgrund nach § 14 Abs. 2 TzBfG fällt dagegen enger aus als die Vorläuferbestimmungen in § 1 BeschFG 1996 und in der Rechtsprechung. Dazu hat wesentlich beigetragen, dass ein Sachgrund nach § 14 Abs. 1 TzBfG auch dann erforderlich ist, wenn keine Umgehung von Bestimmungen des Kündigungsschutzrechtes in Betracht kommt. Damit bedarf der wiederholte Abschluss von kurzfristigen Arbeitsverträgen bis zur Dauer von sechs Monaten erstmals eines Sachgrundes.[101]

Da der öffentliche Arbeitgeber, hier die BA, seine Arbeitsverträge vornehmlich auf die Befristungsgründe aus § 14 Abs. 1 S. 2 Nr. 3 und Nr. 7 TzBfG sowie auf die erleichterte Befristung ohne sachlichen Grund stützt, werden nur diese Befristungsgründe nachfolgend thematisiert.[102]

1. Relevanz und Wortlaut der Haushaltsbefristung nach § 14 Abs. 1 S. 2 Nr. 7 TzBfG

Die Haushaltsbefristung, aktuell in § 14 Abs. 1 Nr. 7 TzBfG geregelt, ist ein Freibrief, den sich der deutsche Staat ausgestellt hat, und der folglich nicht mit § 5 Nr. 1 lit. a BRV vereinbar ist.[103] Nach dieser Norm ist die Befristung des Arbeitsvertrages zulässig, wenn der Arbeitnehmer aus Haushaltsmitteln vergütet wird, die haushaltrechtlich für eine befristete Beschäftigung bestimmt sind, und der Arbeitnehmer entsprechend beschäftigt ist.[104] Jedoch findet der Befristungstatbestand der Nr. 7 auf privatrechtlich organisierte Arbeitgeber keine Anwendung. Aus diesem Grund stellt er einen Sonderbefristungstatbestand für den öffentlichen Dienst dar und privilegiert somit den öffentlichen Dienst gegenüber der Privatwirtschaft.[105] Dies führt dazu, dass die im öffentlichen Dienst beschäftigten Arbeitnehmer im Verhältnis zu den in der Privatwirtschaft beschäftigten Arbeitnehmern hinsichtlich des gesetzlichen Bestandschutzes schlechter dastehen.[106] Auch das BAG sieht das Problem der Ungleichbehandlung der Arbeitnehmer in ihrem von Art. 12 Abs. 1 GG gewährleisteten Bestandsschutz. Art. 12 I GG garantiert für Arbeitsverhältnisse einen staatlichen Mindestbestandsschutz.[107] Das sei mit dem Gleichheitssatz des Art. 3 Abs. 1 GG jedenfalls

---

[101] ErfK/*Müller-Glöcke*, 18. Aufl., 2018 § 1 TzBfG Rn. 6.
[102] *Roth*, Die Haushalts- und Vertretungsbefugnis im allgemeinen öffentlichen Dienst, 2013, S. 14.
[103] *Krebber*, EuZA 2017, S. 19; *Preis/Greiner*, rdA 2010, S. 152.
[104] BAG 19.01.2005 – 7 AZR 115/04, BAGReport 2005, 195; BAG 11.9.2013 – 7 AZR 107/12, NZA 2014, 489; 17.3.2010 – 7 AZR 843/08, NJW 2010, 2536; H/W/K/*Rennpferdt*, Arbeitsrecht Kommentar, 7. Aufl. 2016, § 14 TzBfG Rn. 71; *Preis*, Individualarbeitsrecht, 5. Aufl. 2017, Rz. 3260.
[105] BAG 15.12.2011 – 7 AZR 394/10, NZA 2012, 674.
[106] BAG 09.3.2011 – 7 AZR 728/09, NZA 2011, 911.
[107] BAG 09.03.2011 – 7 AZR 728/09, NZA 2011, 914.

dann nicht vereinbar, wenn das den Haushaltsplan aufstellende Organ und der Arbeitgeber identisch sind. Dies ist bei der BA der Fall. Ihr Vorstand stellt den Haushaltsplan auf und vertritt zugleich die Bundesagentur als Arbeitgeber. Bei Anwendbarkeit des § 14 Abs. 1 Satz 2 Nr. 7 TzBfG könnte er daher durch die Ausgestaltung des Haushaltsplans den Sachgrund für die Befristung der von ihm geschlossenen Arbeitsverträge selbst schaffen. Des Weiteren muss der Haushaltsplangeber demokratisch legitimiert sein.[108] Für eine solche Privilegierung der BA in ihrer Doppelrolle als Haushaltsplangeber und Arbeitgeber gibt es keine hinreichende sachliche Rechtfertigung. Daher kann sich eine bundesunmittelbare Selbstverwaltungskörperschaft wie die BA nicht auf den Sachgrund der Nr. 7 berufen. Das Vorabentscheidungsersuchen des BAG zu der Frage, ob die Privilegierung durch Nr. 7 unter Berücksichtigung des allgemeinen Gleichheitssatzes mit § 5 Nr. 1 der EGB-UNICE-CEEP-Rahmenvereinbarung über befristete Arbeitsverträge im Anhang der RL 1999/70/EG vereinbar ist, hat sich erledigt,[109] weil die Parteien den Rechtsstreit für erledigt erklärt hatten. Jedenfalls sind an diesen Sachgrund strenge Anforderungen zu stellen.[110] Die Haushaltsmittel müssen zweckgebunden für eine zeitlich begrenzte Tätigkeit zugeteilt werden.[111] Einer haushaltsrechtlichen Zweckbestimmung muss deutlich zu entnehmen sein, auf welchen objektiv vorliegenden, nachprüfbaren Umständen die Erwartung beruht, dass die Haushaltsmittel nur für die Beschäftigung mit einer Aufgabe von vorübergehender Dauer bereitgestellt wurden. Daher erfordert der Sachgrund der Nr. 7, dass die Haushaltsmittel, aus denen der befristet beschäftigte Arbeitnehmer vergütet wird, im Haushaltsplan mit einer konkreten Sachregelung auf der Grundlage einer nachvollziehbaren Zwecksetzung für eine nur vorübergehende Beschäftigung vorgesehen sind.[112] Die Zweckbestimmung muss eine Prüfung anhand objektiver Umstände darüber ermöglichen, ob die Beschäftigung nicht in Wahrheit zur Deckung eines ständigen und dauerhaften Bedarfs erfolgt.[113] Der bloße Vermerk im Haushaltsplan des öffentlichen Arbeitgebers[114] reicht ebenso wenig aus wie eine pauschale, nicht aufgeschlüsselte Ausbringung von Ermächtigungen zur befristeten Beschäftigung einer Vielzahl von Arbeitnehmern.[115] Vorausgesetzt wird hierbei nicht, dass bereits bei Abschluss des befristeten Arbeitsvertrags Haushaltsmittel in einem Haushaltsgesetz ausgebracht sind, aus denen die Vergütung des befristet beschäftigten Arbeitnehmers während der gesamten Laufzeit des befristeten Arbeitsvertrags bestritten werden kann. Eine Befristung, die sich über das Haushaltsjahr hinaus erstreckt, ist allerdings nur dann nach Nr. 7 gerechtfertigt, wenn bei Abschluss des Arbeitsvertrags konkrete

---

108 BAG 09.3.2011 – 7 AZR 728/09, NZA 2011, 911.
109 BAG 27.10.2010 – 7 AZR 485/09 (A), NZA-RR 2011, 273.
110 *Preis/Greiner*, RdA 2010, 148 (157).
111 BAG 17.3.2010 – 7 AZR 843/08, NJW 2010, 2536.
112 BAG 11.9.2013 – 7 AZR 107/12, NZA 2014, 150; 17.3.2010 – 7 AZR 843/08, NJW 2010, 2536
113 BAG 17.3.2010 – 7 AZR 843/08, NJW 2010, 2536.
114 BAG 2.9.2009 – 7 AZR 162/08, NZA 2009, 1257.
115 BAG 17.3.2010 – 7 AZR 843/08, NJW 2010, 2536.

Anhaltspunkte dafür bestehen, dass auch im künftigen Haushaltsplan erneut ausreichende Haushaltsmittel für die befristete Beschäftigung des Arbeitnehmers bereitstehen werden.[116] Des Weiteren muss der Arbeitnehmer zudem überwiegend entsprechend der haushaltsrechtlichen Zwecksetzung beschäftigt werden.[117]

Es ist nach Nr. 7 auch sachlich gerechtfertigt, Haushaltsmittel, die durch eine befristete Abwesenheit des Stelleninhabers zur Verfügung stehen, zur Abdeckung des befristeten Arbeitskräftebedarfs zu nutzen, wenn der Haushaltsplan dies vorsieht. Die für die Beschäftigung dieser Aushilfskräfte geltenden Anforderungen müssen nicht den Anforderungen an die Sachgründe in Nr. 1 und 3 genügen. Ausreichend dafür ist, wenn der befristet Beschäftigte Aufgaben wahrnimmt, die sonst einem oder mehreren anderen Arbeitnehmern der Dienststelle übertragen worden wären. Es muss aber ein Kausalzusammenhang zwischen der Abwesenheit des Stelleninhabers und der befristeten Beschäftigung der Aushilfskraft bestehen.[118]

2. Befristung ohne Sachgrund nach § 14 Abs. 2 TzBfG

Die Möglichkeit der sachgrundlosen Befristung ist für Arbeitgeber besonders interessant, weil es keiner inhaltlichen Rechtfertigung für die Befristung des Arbeitsvertrags bedarf. Da sich die BA seit dem Urteil des BAG vom 09.03.2011[119] als rechtsfähige bundesunmittelbare Körperschaft des öffentlichen Rechts mit Selbstverwaltung nicht auf den Sachgrund der sogenannten haushaltsrechtlichen Befristung nach § 14 Abs. 1 S. 2 Nr. 7 TzBfG berufen kann, werden die befristeten Arbeitsverträge seitdem überwiegend ohne Vorliegen eines Sachgrundes abgeschlossen.

Das TzBfG sieht drei Fälle vor, in denen ein sachlicher Grund für die Befristung eines Arbeitsvertrags nicht vorzuliegen braucht:

1. Die kalendermäßige Befristung eines Arbeitsvertrags ist ohne Vorliegen eines sachlichen Grundes bis zur Dauer von zwei Jahren zulässig. Bis zu dieser Gesamtdauer ist auch die höchstens dreimalige Verlängerung eines kalendermäßig befristeten Arbeitsvertrags zulässig.

2. In den ersten vier Jahren nach der Gründung eines Unternehmens ist die kalendermäßige Befristung eines Arbeitsvertrags ohne Vorliegen eines sachlichen Grundes bis zur Dauer von vier Jahren zulässig.

3. Die Befristung des Arbeitsvertrags bedarf keines sachlichen Grundes, wenn der Arbeitnehmer bei Beginn des befristeten Arbeitsverhältnisses das 52. Lebensjahr vollendet hat.

---

[116] BAG 15.12.2011 – 7 AZR 394/10, NZA 2012, 674.
[117] BAG 11.9.2013 – 7 AZR 107/12, NZA 2014, 150.
[118] BAG 15.12.2011 – 7 AZR 394/10, NZA 2012, 674.
[119] BAG 09.3.2011 – 7 AZR 728/09, NZA 2011, 911.

Da für die Beschäftigung bei der BA nur die kalendermäßige Befristung relevant ist, wird auch nur diese nachfolgend thematisiert.

Die Befristung gem. § 14 Abs. 2 Satz 1 TzBfG ist nicht zulässig, wenn mit demselben Arbeitgeber bereits „zuvor"[120] ein befristetes oder unbefristetes Arbeitsverhältnis bestanden hat. Es muss sich also um eine erstmalige Beschäftigung des Arbeitnehmers durch den betreffenden Arbeitgeber handeln, damit eine sachgrundlose Befristung zulässig vereinbart werden kann. Das bedeutet jedoch kein „Verbot der Vorbeschäftigung", sondern lediglich, dass eine sachgrundlose Befristung unzulässig ist, wenn der Arbeitnehmer bereits zuvor einmal bei dem Arbeitgeber beschäftigt war. Es ist sowohl eine unbefristete Einstellung möglich wie auch eine Befristung mit Sachgrund. Maßgebend ist, ob irgendwann zuvor ein „Arbeitsverhältnis" bestanden hat. Vorherige andere Vertragsverhältnisse (zum Beispiel als Praktikant) stehen einer sachgrundlosen Befristung eines Arbeitsverhältnisses nicht entgegen. War die Person, mit der nunmehr eine sachgrundlose Befristung vereinbart werden soll, früher für das Unternehmen als Selbstständiger („freier Mitarbeiter") im Rahmen eines Dienst- oder Werkvertrages tätig, ist das unerheblich, wenn es sich dabei tatsächlich um eine selbstständige Tätigkeit und nicht um ein „verdecktes" Arbeitsverhältnis gehandelt hat („Scheinselbstständiger").[121]

Des Weiteren darf die Gesamtbefristungsdauer von zwei Jahren als auch die dreimalige Verlängerung des Arbeitsvertrags während dieser Zeit nicht überschreiten. Ein Arbeitsverhältnis darf also weiterhin insgesamt viermal befristet hintereinandergeschaltet werden, sofern nur der Gesamtzeitraum von zwei Jahren nicht überschritten wird. Maßgeblich sind der vereinbarte Beginn und das vereinbarte Ende des Arbeitsvertrages. Unerheblich ist der Zeitpunkt des Vertragsschlusses. Die Zweijahresfrist berechnet sich nach den §§ 187, 188 BGB. Das bedeutet insbesondere, dass für den Tag des Fristablaufs derjenige maßgeblich ist, welcher dem Tag des Fristbeginns vorausgeht. Anzahl und Dauer der Befristungsintervalle können innerhalb der Höchstgrenze beliebig gewählt werden.

Darüber hinaus ermöglicht die Tariföffnungsklausel in § 14 Abs. 2 S. 3 TzBfG den Tarifparteien, den gesetzlichen Rahmen abzuändern. Dabei können sowohl der Gesamtbefristungsrahmen (länger oder kürzer) als auch die Anzahl der Verlängerungsmöglichkeiten (mehr oder weniger) abweichend geregelt werden, bis hin zum Ausschluss der Möglichkeit einer sachgrundlosen Befristung.[122] Jedoch sind die Tarifparteien in ihrer Gestaltungsmöglichkeit nicht völlig frei. Grenzen hierfür ergeben sich aus dem Bestandschutz des Art. 12 Abs. 1 GG.[123] Diese Schranke, die der BAG festgelegt hat, wird in Kapitel C näher erläutert.

---

[120] BAG, 06.04.2011 – 7 AZR 716/09, NZA 2011, 905.
[121] *Lakies*, Befristete Arbeitsverträge, 3. Aufl. (eBook) 2014, S. 114, Rn. 201-202.
[122] BAG 15.8.2012 – 7 AZR 184/11, NZA 2013, 45.
[123] *Hamann*, Befristete Arbeitsverhältnisse, 2014, S. 47-48.

3. Vertretungsbefristung nach § 14 Abs. 1 S. 2 Nr. 3 TzBfG

1. Grundsatz

Die Vertretung erkrankter, beurlaubter oder aus anderen Gründen vorübergehend an der Arbeitsleistung verhinderter Arbeitnehmer gehört zu den typischen, allgemein anerkannten sachlichen Gründen für den Abschluss befristeter Arbeitsverträge[124]. Der Grund für die Befristung[125] liegt in Vertretungsfällen darin, dass der Arbeitgeber bereits zu einem vorübergehend ausfallenden Mitarbeiter in einem Rechtsverhältnis steht und mit der Rückkehr dieses Mitarbeiters rechnet[126]. Damit besteht für die Wahrnehmung der an sich dem ausfallenden Mitarbeiter obliegenden Arbeitsaufgaben durch eine Vertretungskraft von vornherein nur ein zeitlich begrenztes Bedürfnis[127]. Diesbezüglich besteht sowohl in der Literatur als auch in der Rechtsprechung Einigkeit[128].

2. Der Einsatz des „Vertreters"

Probleme bei einer befristeten Einstellung zur Vertretung werden allgemein in zwei Punkte aufgeteilt: 1. Kongruenz der Aufgabenbereiche des Vertreters und des Vertretenen und 2. Abgrenzung zu Daueraufgaben, Personalreserve.

aa) Kongruenz der Aufgabenbereiche

Die Verrichtung der Tätigkeiten eines zeitweilig ausfallenden Mitarbeiters durch eine Ersatzkraft wird zwar üblicherweise als „Vertretung" bezeichnet, hat aber nichts mit einer Vertretung im Rechtssinne gemein[129]. Der Vertretungszusammenhang ist dann gegeben, wenn der befristet zur Vertretung eingestellte Mitarbeiter die vorübergehend ausfallende Stammkraft unmittelbar vertritt und die von ihr bislang ausgeübten Tätigkeiten erledigt (unmittelbare Vertretung). Auch wenn der Vertreter nicht unmittelbar die Aufgaben des Vertretenen übernimmt, so entschied das BAG, ist der Vertretungszusammenhang trotzdem gegeben.[130] Denn die befristete Beschäftigung zur Vertretung lässt die Versetzungs- und Umsetzungsbefugnisse des Arbeitgebers unberührt. Der Arbeitgeber kann bei einem vorübergehenden Ausfall eines Stammarbeitnehmers darüber bestimmen, ob er den Arbeitsausfall überhaupt überbrücken will, ob er im Wege der Umverteilung die von dem zeitweilig verhinderten Arbeitnehmer zu erledigenden Arbeitsaufgaben anderen Mitarbeitern zuweist oder ob er dessen Aufgaben ganz oder teilweise von einer Vertretungskraft erledigen lässt. Der zeitweilige Ausfall eines Mitarbeiters und die dadurch bedingte Einstellung einer

---

[124] *Hunold*, NZA 2002, 256; Mennemeyer/Keysers, NZA 2008, 670 ff.
[125] Breier/Dassau/Kiefer/Lang/Langenbrinck/TVöD Kommentar, 8/2016, § 30 Rn. 79.
[126] KR/*Lipke*, 11. Aufl., 2016, § 14 TzBfG, Rn. 136.
[127] BAG 11.2.2015 – 7 AZR 113/13 – BeckRS 2015, 67288; BAG 26.10.2016 – 7 AZR 135/15, NZA 2017, 382.
[128] *Hunold*, NZA 2002, 255.
[129] BAG 24.09.1997 – 7 AZR 669/96, NZA 1998, 419.
[130] BAG, 21.02. 2001 – 7 AZR 107/00, AuA 2001, S. 525; BAG, 11.02.2015 – 7 AZR 113/13, BeckRS 2015, 67288.

Ersatzkraft können auch eine Umorganisation erfordern, die dazu führt, dass ein völlig neuer Arbeitsplan erstellt wird, in dem die Aufgaben des zeitweilig ausgefallenen Mitarbeiters einem dritten Mitarbeiter übertragen werden, dieser für andere Aufgaben nicht mehr zur Verfügung steht und für diese anderen Aufgaben eine Vertretungskraft eingestellt wird (mittelbare Vertretung).[131]

bb) Abgrenzung zu Daueraufgaben, Personalreserve

(1) Vertretung auf Dauer

Eine Dauervertretung liegt nur dann vor, wenn bereits bei Abschluss des Arbeitsvertrags eine über den Endtermin der Befristung hinausgehende Beschäftigung des Arbeitnehmers vorgesehen ist.[132]

(2) Personalreserve

Unter Personalreserve wird gemeinhin Personal verstanden, welches der Arbeitgeber zum Ausgleich absehbarer Personalunterdeckung, vor allem durch Urlaub und Arbeitsunfähigkeit von Stammpersonal, vorhält. Häufig handelt es sich um sogenannte Springer.[133]

4. Befristete Arbeitsverträge nach § 33 TV-BA

Für die Beschäftigten der BA gilt gem. § 1 Abs. 1 TV-BA seit 01.01.2006 der Tarifvertrag der Bundesagentur für Arbeit (TV-BA).

Die umfassende Umstrukturierung der BA, wie bereits im letzten Kapitel ausführlich beschrieben, sowie die Reform der Tarifverträge des öffentlichen Dienstes[134] führten zum Abschluss des TV-BA, der den Manteltarifvertrag für die Angestellten der Bundesanstalt für Arbeit (MTA) ablöste. Der TV-BA wurde am 28. März 2006 unterzeichnet und trat gem. § 41 Abs. 1 Satz 1 TV-BA rückwirkend zum 1. Januar 2006 in Kraft. Bereits im Juli 2005 hatten sich die Tarifvertragsparteien auf wesentliche Eckpunkte des künftigen Tarifvertrags verständigt.[135]

Die Befristung der Arbeitsverträge ist in § 33 Abs. III TV-BA geregelt. Nach § 33 Abs. III S. 1 TV-BA muss ein befristeter Arbeitsvertrag ohne sachlichen Grund mindestens sechs Monate betragen und soll in der Regel zwölf Monate nicht unterschreiten. Diese Regelung betrifft lediglich die erstmalige Befristung, nicht die Verlängerung des befristeten Arbeitsvertrages.

---

[131] BAG 25.08.2004 – 7 AZR 32/04, NZA 2005, 472.
[132] ErfK/*Müller-Glöge,* TzBfG § 14 Rn. 36.
[133] *Hunold,* NZA 2002, S. 257.
[134] Fürst GKÖD IV/*Fieberg,* 05/2007, E 010.
[135] BAG 30.10.2008 – 6 AZR 32/08

C. Die soziologische Perspektive auf Befristungen im öffentlichen Dienst und BA

I. Soziologie des Rechts

1. Begriffsbestimmung

Während sich das letzte Kapitel mit der normativen Ebene des Rechts befasste, untersucht dieses Kapitel die soziologische Betrachtungsweise des faktischen Geschehens[136]. Wenn von der soziologischen Perspektive die Rede ist, handelt es sich dabei um eine bestimmte Art der Wahrnehmung von Realität[137]. Eugen Ehrlich beschreibt die Soziologie des Rechts als eine Wissenschaft vom Verhältnis des Rechts zur Gesellschaft[138] und definiert die Soziologie als die Gesamtheit der Wissenschaften von der Gesellschaft. Soziologie ist demnach die Lehre von der „societas", d. h. von der menschlichen Gesellschaft, und erforscht das nach Gleichförmigkeiten oder Mustern ablaufende menschliche Verhalten in Gesellschaften.[139] Die Gesellschaft ist definierbar als die Gesamtheit der menschlichen Verbände, die miteinander in Fühlung stehen. Sie umfasst in der Gegenwart alle gesitteten Völker der Welt.[140] Erkenntnisgegenstand sind also zwischenmenschliche Beziehungen, die nach Regelmäßigkeiten ablaufen. Dabei wird der Mensch nur in seinen sozialen Aspekten von der Soziologie beleuchtet.[141]

Die wissenschaftliche Beschäftigung mit dem Recht kann im Hinblick auf drei unterschiedliche Erkenntnisziele erfolgen. Wird nur nach der Gerechtigkeit des Rechts gefragt, werden demnach auch nur die Wertvorstellungen, die hinter bestimmten rechtlichen Regelungen stehen, und deren Voraussetzungen überprüft. Untersuchungsgegenstand ist demnach die Idealität des Rechts. Manche Situationen erfordern jedoch die Frage nach dem geltendem Recht. Hierfür ist es im Regelfall die Aufgabe der Juristinnen und Juristen, sich mit dem Sinngehalt bestimmter Regelungen zu beschäftigen. Dabei ist dann der Untersuchungsgegenstand die Normativität des Rechts. Letztendlich wird auch nach der Realität, d. h. nach der gesellschaftlichen Wirklichkeit rechtlicher Regelungen, also nach dem Rechtsleben, gefragt. Untersuchungsgegenstand ist dann die Faktizität des Rechts.[142] Da der Gegenstand dieser Thesis die Gestaltung des Befristungsrechts der BA

---

[136] *Petersen,* Max Webers Rechtssoziologie und die juristische Methodenlehre, 2. Aufl., 2014, S. 15.
[137] *Maindok,* Einführung in die Soziologie, 1998, Oldenburg, S. 5.
[138] *Ehrlich,* Soziologie des Rechts, in Rehbinder, Gesetz und lebendes Recht, 1986 Berlin, S. 179.
[139] *Rehbinder,* Rechtssoziologie, 8. Aufl., 2014, S. 27.
[140] *Ehrlich,* Soziologie des Rechts, in Rehbinder, Gesetz und lebendes Recht, 1986 Berlin, S. 181.
[141] *Rehbinder,* Rechtssoziologie, 8. Aufl., 2014, S. 27.
[142] *Rehbinder,* Rechtssoziologie, 8. Aufl., 2014, S. 1.

sowie des öffentlichen Dienstes ist, wird in diesem Kapitel nur auf die Faktizität des Rechts eingegangen. Mit den Auswirkungen der Befristungen auf die direkt Betroffenen beschäftigt sich das nächste Kapitel.

Die Lehre von der Dreidimensionalität des Rechts[143] unterteilt die Rechtwissenschaft in drei erkenntnistheoretisch getrennte Sphären: die Wertwissenschaft, die Normwissenschaft und die Erfahrungswissenschaft. Die Rechtsphilosophie beschäftigt sich mit dem gerechten Recht. Mit der Werthierarchie als Begründungszusammenhang wird hier nach dem Warum gefragt und mit den rechtspolitischen Zielsetzungen nach dem Wohin. Die Bestimmung des normativen Sinngehalts des Rechts ist die Sache der Rechtsdogmatik. Hier wird nach dem Inhalt der Verhaltensvorschriften für den Staatsapparat oder Rechtsunterworfene sowie nach den Methoden seiner Ermittlungen gefragt, also nach dem Wie. Die Erforschung der sozialen Wirklichkeit des Rechts ist die Sache der Rechtssoziologie. Sie erklärt und beschreibt das Rechtsleben.

Die Rechtssoziologie gliedert sich in zwei Bereiche:

a) Die **genetische Rechtssoziologie** untersucht die Entstehung des Rechts aus dem Sozialleben heraus und begreift damit das Recht als Ergebnis gesellschaftlicher Prozesse.

b) Die **operative Rechtssoziologie** untersucht die Wirkung des Rechts im Sozialleben und begreift damit das Recht als Regulator gesellschaftlichen Handelns.

Demnach untersucht die Rechtssoziologie nicht das Recht als Summe der geltenden Rechtsnormen (law in books), sondern das lebende Recht (law in action). Lebendes Recht sind nur diejenigen Rechtsnormen, die in der Rechtspraxis durchgesetzt werden können. Sollensordnung und Seinsordnung müssen hier identisch sein. Normativität und Faktizität des Rechts sind zwar erkenntnistheoretisch getrennte Sphären, für eine Wirklichkeitswissenschaft vom Recht (Rechtsrealismus) gehören jedoch beide zum Rechtsbegriff: Lebendes Recht ist geltendes Recht, das wirksam ist. Denn Normativität ohne Faktizität ist totes Recht und Faktizität ohne Normativität ist Unrecht.[144]

Als Erfahrungswissenschaft untersucht die Rechtssoziologie nicht nur das lebende Recht, sondern auch das Verhalten derjenigen, auf die das Recht Anwendung findet, der Rechtsunterworfenen. Denn das Recht ist ein Herrschaftsinstrument, das dazu bestimmt ist, das Sozialleben zu steuern und zu korrigieren. Ob es diese Aufgabe tatsächlich erfüllt, kann nur durch Beobachtung des Soziallebens festgestellt werden. Gelingt es nicht, die in den Rechtsnormen zum Ausdruck kommenden Verhaltungserwartungen im Sozialleben zu realisieren, hat das Recht seine Aufgabe ver-

---

[143] *Rehbinder,* Die Begründung der Rechtssoziologie durch Eugen Ehrlich, 2. Aufl., 1986, S. 131.
[144] *Rehbinder,* Rechtssoziologie, 8. Aufl., 2014, S. 2 Rn. 3.

fehlt. Daher ist im Sozialleben oft ein Kampf zwischen Rechtsstab (law supporter) und Rechts-unterworfenen (law consumer) zu beobachten, von dessen Ausgang der Erfolgt des Rechts ab-hängt.[145]

2. Entstehung der Rechtssoziologie

Die Frage, wie menschliches Zusammenleben in Gesellschaften funktioniert, begleitet die Menschen schon lange. Entsprechende Überlegungen waren bereits in der Antike selbstverständlich. Ein klassisches Beispiel dafür bieten etwa die Überlegungen von Platon oder Aristoteles zu den Bedingungen der Erhaltung der Stabilität oder auch des Verfalls politischer Ordnungen. Im weitem Sinne gesellschaftswissenschaftliche Perspektiven bilden also keine neue Fragestellung. Die Soziologie im modernen Sinn wird dennoch häufig mit dem 19. Jahrhundert und insbesondere Auguste Comte (1798-1857) in Verbindung gebracht, der eine Theorie der in seiner Zeit entstandenen industriellen Gesellschaft vorzulegen versuchte. Er orientierte sich dabei an einem wissenschaftlichen Programm, das wie eine Naturwissenschaft durch Beobachtung und Formulierung allgemein geltender Gesetze die soziale Wirklichkeit erklären wollte. Die Erkenntnisse sollten dabei in eine auf objektiver wissenschaftlicher Grundlage beruhende Gesellschaftsplanung einfließen.[146]

Die Erkenntnis der Bedeutung einer Betrachtung von Rechtsnormen als soziale Tatsache führte zur Entwicklung der modernen Rechtssoziologie. Das oben genannte Beispiel der antiken politischen Theorie zeigt, dass auch hier die Wurzeln der entscheidenden Fragen tief in die Ideengeschichte zurückreichen. Andere, weithin als Vorläufer gegenwärtiger rechtssoziologischer Fragestellungen betrachtete Theoretiker sind Charles de Montesquieu oder Karl Marx. Montesquieu erklärte etwa den Charakter von politischen Ordnungen durch rechtsexterne Faktoren. Der „Geist der Gesetze" wird aus seiner Sicht durch viele Faktoren, etwa Geografie oder Klima, bestimmt. Marx sah Recht als Ausdruck ökonomischer Entwicklungen.[147]

Im 20. Jahrhundert hat sich die Rechtssoziologie endgültig als selbstständige Disziplin etabliert. Ein zentralerer Autor war hier Eugen Ehrlich (1862-1922).[148]

a) Eugen Ehrlich

Eugen Ehrlichs Werk „Grundlegung der Soziologie des Rechts" gilt als Geburtsstunde der modernen Rechtssoziologie. Auch wenn eine Reihe von Autoren einzelne Aspekte aus diesem Themenbereich schon vor Ehrlich behandelt hat und daher als Vorläufer, teils auch als Begründer der Rechtssoziologie bezeichnet wird (u. a. Charles de Montesquieu, Karl Max, Henry Sumner

---

[145] *Rehbinder*, Rechtssoziologie, 8. Aufl., 2014, S. 2 Rn. 4.
[146] *Mahlmann*, Konkrete Gerechtigkeit, 3. Aufl., 2017, § 11 Rn. 10.
[147] *Mahlmann*, Konkrete Gerechtigkeit, 3. Aufl., 2017, § 11 Rn. 11.
[148] *Mahlmann*, Konkrete Gerechtigkeit, 3. Aufl., 2017, § 11 Rn. 14.

Maine, Emile Durkheim), war es Ehrlichs kurz vor Beginn des 1. Weltkriegs (1913) erschienenes Werk, das eine umfassende soziologische Rechtstheorie geboten hat.[149] Dabei ging Ehrlich in seinen ersten Schriften der Beobachtung nach, dass das Gesetzesrecht und die Regeln, nach welchen die Menschen tatsächlich leben, vielfach nicht übereinstimmen. Die Gesetze erfassen die gesellschaftliche Wirklichkeit nur unvollkommen und lückenhaft. An wichtigen Stellen, zum Beispiel im dispositiven Recht, verweisen sie selbst offen auf außergesetzliche Normen. Aber auch eindeutige Gesetzesbefehle können toter Buchstabe bleiben, wenn andere Verhaltensregeln in der Bevölkerung verwurzelt sind und diese deshalb die Anordnung des Gesetzgebers nicht akzeptiert. Selbst Gerichte passen sich in solchen Fällen leicht unter heimlicher, nicht eingestandener Abweichung vom Gesetz den tatsächlich geltenden Normen an. Aus dieser Beobachtung folgt Ehrlichs Kritik an der positivistischen Jurisprudenz seiner Zeit, die ausschließlich auf das staatliche Recht blickte. Eine Rechtswissenschaft, die ihre Aufgaben nur darin sieht, das Gesetzesrecht in ein begrifflich und logisch folgerichtiges gedankliches System zu bringen, erfasst nach ihm Wesen und Wirklichkeit des Rechts nicht angemessen. Sie ist genau genommen überhaupt keine Wissenschaft, sondern eine Art Technik und handwerkliche Kunstlehre für die Juristen, welche das Recht anzuwenden haben.[150]

Ehrlich erforschte somit das in der Gesellschaft tatsächlich praktizierte Recht. Er selbst verwendet dafür den Begriff des lebenden Rechts[151] im Gegensatz zum Rechtssatz. In ähnlicher Gegenüberstellung findet sich im angloamerikanischen Sprachgebrauch bis heute der Gegensatz zwischen „law in the books" und „law in action". Als erster Jurist fordert Ehrlich dafür eine induktive Methode und bedient sich dazu der Mittel empirischer Sozialforschung, verwendet Fragebögen, sammelt Vertragsformulare und veranstaltet Interviews. Da ihm die Hilfsmittel zu derartigen Forschungen in größerem Stil fehlten, ist er im Übrigen auf historisches Material angewiesen, das er in großem Umfang und mit außerordentlicher Kenntnis verarbeitet.[152]

b) Rechtssoziologie heute

Auch heute lassen sich kritische Komponenten in der Soziologie leicht nachweisen. Die charakteristische Verknüpfung empirischer und kritischer Elemente ist nicht nur die Folge ihrer Entstehungsgeschichte, sondern liegt im Wesen dieser Wissenschaft. Denn indem sie Diskrepanzen zwischen den Wertvorstellungen und Bedürfnissen der Menschen und den realen gesellschaftlichen Verhältnissen herausarbeitet oder bestehende Herrschaftsstrukturen bewusstmacht und analysiert, mündet die wissenschaftliche Erkenntnis fast zwangsläufig in einer Kritik an den aufgedeckten Unzuträglichkeiten.[153]

---

[149] *Rehbinder,* Rechtssoziologie, 8. Aufl., 2014, Seite V.
[150] *Raiser,* Grundlagen der Rechtssoziologie, 6. Aufl., 2013, S. 72-73.
[151] *Rehbinder,* Rechtssoziologie, 8. Aufl., 2014, Seite V.
[152] *Raiser,* Grundlagen der Rechtssoziologie, 6. Aufl., 2013, S. 74.
[153] *Raiser,* Grundlagen der Rechtssoziologie, 6. Aufl., 2013, S. 3-4.

In neuerer Zeit hat eine Ausdifferenzierung stattgefunden, im Zuge derer die Soziologie als Teilgebiet eines umfassenderen Begriffs der „Sozialwissenschaften" verstanden wird, zu denen z. B. auch die Politologie, die Sozialpsychologie, die Geschichte, die Volks- und Betriebswirtschaftslehre, die Anthropologie und die Ethnologie gehören. Entsprechend erweitert sich auch der Begriff der Rechtssoziologie zu einer „interdisziplinären Rechtsforschung".[154]

II. Empirische Studien zum Befristungsrecht

Die BA sowie der allgemeine öffentliche Dienst sind nach aktuellem Forschungsstand nur selten Gegenstand wissenschaftlicher Analysen[155]. Aus diesem Grund bezeichnet auch der französische Ökonom Jacques Freyssinet den öffentlichen Dienst als einen „wenig erforschten Kontinent".[156] Diese Tatsache ist erstaunlich: Die Gebietskörperschaften (Bund, Länder, Gemeinde) sind mit ca. 4,6 Mio. Arbeitnehmern nach wie vor der größte Arbeitgeber[157]. Lediglich seitens des Instituts für Arbeitsmarkt und Berufsforschung (IAB) sowie des Wirtschafts- und Sozialwissenschaftlichen Instituts der Hans-Böckler-Stiftung lassen sich im letzten Jahrzehnt vermehrt Forschungsaktivitäten beobachten wie z. B. der Forschungsbericht vom Dezember 2015[158]. Das IAB hat die Entwicklung befristeter Beschäftigungen im öffentlichen Dienst im Auftrag des Bundesministeriums des Innern (BMI) untersucht und die Ergebnisse im IAB-Forschungsbericht 12/2015 dokumentiert. In der Tarifrunde vom Frühjahr 2014 hatten sich das BMI, die Vereinte Dienstleistungsgewerkschaft (ver.di) sowie der Deutsche Beamtenbund (dbb) auf die Durchführung der Studie geeinigt. Die Befunde dienen als Grundlage für die Tarifrunde 2016 im öffentlichen Dienst.[159] Die Ergebnisse der Studie wurden bereits in der Einleitung der Thesis erläutert.

III. Eigene Untersuchung

1. Methodik

Das letzte Kapitel thematisierte das Befristungsrecht sowie die BA aus der theoretischen Sicht. Dieses Kapitel beschäftigt sich mit der gelebten Wirklichkeit des Befristungsrechts in der BA. Bis jetzt hat sich die BA bezüglich ihrer Beschäftigten aus der Öffentlichkeit zurückgehalten. Zwar wird monatlich seitens der BA die Arbeitslosenstatistik sowie die Beschäftigungsstatistik

---

[154] *Raiser*, Grundlagen der Rechtssoziologie, 6. Aufl., 2013, S. 4.
[155] *Keller/Seifert*, (2014) Atypische Beschäftigungsverhältnisse im öffentlichen Dienst, WSI Mitteilungen 67 (8), S. 628.
[156] *Freyssinet*, Le travail dans la fonction publique, un continent peu exploré, in Le Mouvement Social 3/2005, S. 5. https://www.cairn.info/revue-le-mouvement-social-2005-3-page-5.htm
[157] *Keller/Seifert*, Atypische Beschäftigungsverhältnisse im öffentlichen Dienst, WSI Mitteilungen 2014, S. 628.
[158] *Hohendanner*, et.al., Befristete Beschäftigung im Öffentlichen Dienst. Entwicklung, IAB-Forschungsbericht 12/2015. Nürnberg
[159] IAB-Kurzbericht 5/2016

der Bundesrepublik veröffentlicht, jedoch werden weder aus dem Mikrozensus des Statistischen Bundesamtes noch aus der veröffentlichten Studie des IAB die Beschäftigtenzahlen bezüglich der befristeten Beschäftigung im öffentlichen Dienst und die damit verbundene Befristungsquote ersichtlich. Die Beantwortung der Kernfrage dieser Thesis verlangt daher die Bedienung der empirischen Rechtstatsachenforschung. Mit Hilfe der empirischen Rechtstatsachenforschung lässt sich die Theorie des Rechts anhand der empirischen Untersuchung in der gelebten Wirklichkeit darstellen. Bezogen auf das Befristungsrecht werden die veröffentlichen Haushaltspläne der BA der letzten zehn Jahre auf die Befristungszahlen hin untersucht und letztendlich im folgenden Diagramm zusammengefasst dargestellt. Somit lässt sich die Kernfrage dieser Thesis verifizieren oder aber auch falsifizieren.

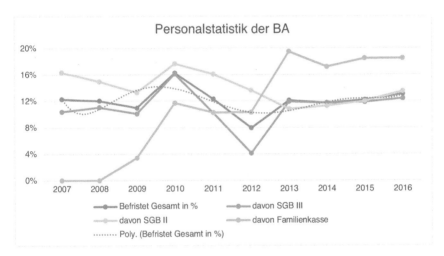

Die Grundlage für dieses Diagramm bildet der Geschäftsbericht der BA der Jahre 2007–2016. In der Anlage sind die einzelnen Tabellen als Auszug des jeweiligen Geschäftsberichts dieser Thesis beigefügt.

2. Ergebnisse

Die Auswertung des Diagramms zeigt, dass die Befristungsquote bei der BA mit durchschnittlich 12 % deutlich höher liegt als im allgemeinen öffentlichen Dienst sowie in der Privatwirtschaft. Zum besseren Vergleich wird die Auswertung[160] der Entwicklung der Befristungsquote im öffentlichen Dienst und in der Privatwirtschaft hinzugezogen. Die Befristungsquote im allgemeinen Dienst lag im Jahr 2014 bei 10,4 % und in der Privatwirtschaft bei 6,7 %. Bei der BA hingegen

---

[160] IAB Kurzbericht 05/2016, http://doku.iab.de/kurzgraf/2016/kbfolien05161.pdf

lag die Befristungsquote im Jahr 2014 bei 12 %. Damit ist der BA der Spitzenreiter bei den Befristungen im öffentlichen Dienst.

Bei näherer Betrachtung der Befristungsquote der BA fallen zwei Abschnitte auf. Im Jahr 2010 lag der Befristungsanteil sogar bei 16%, während dieser im allgemeinen öffentlichen Dienst bei 11 % und in der Privatwirtschaft bei 6,1 % lag. Die BA begründet diesen Anstieg in ihrem 59. Geschäftsbericht wie folgt:

"Zur Bewältigung der Wirtschaftskrise wurden mit dem Haushalt 2010 vorsorglich Beschäftigungsmöglichkeiten für befristete Arbeitsverhältnisse geschaffen. Die Agenturen für Arbeit sind mit diesen zusätzlichen Beschäftigungsmöglichkeiten verantwortlich umgegangen und haben sie nur in dem Umfang in Anspruch genommen (zu rund einem Drittel), in dem tatsächlich ein auch an Arbeitsmarktdaten festzumachender Belastungsanstieg wegen der Krise zu bewältigen war."[161]

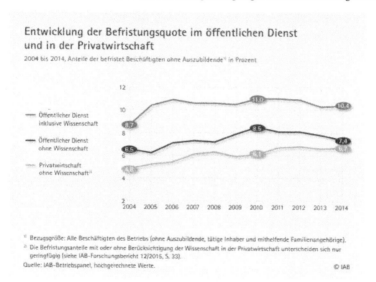

Entwicklung der Befristungsquote im öffentlichen Dienst und in der Privatwirtschaft

2004 bis 2014, Anteile der befristet Beschäftigten ohne Auszubildende¹⟩ in Prozent

Öffentlicher Dienst inklusive Wissenschaft

Öffentlicher Dienst ohne Wissenschaft

Privatwirtschaft ohne Wissenschaft²⟩

¹⟩ Bezugsgröße: Alle Beschäftigten des Betriebs (ohne Auszubildende, tätige Inhaber und mithelfende Familienangehörige).
²⟩ Die Befristungsanteile mit oder ohne Berücksichtigung der Wissenschaft in der Privatwirtschaft unterscheiden sich nur geringfügig (siehe IAB-Forschungsbericht 12/2015, S. 33).
Quelle: IAB-Betriebspanel, hochgerechnete Werte.

© IAB

Ferner fällt ein deutlicher Rückgang des Befristungsanteiles im Jahr 2012 auf 8 % auf. Dies lässt sich anhand des Urteils vom BAG vom 09.03.2011[162] erklären. Hier wurde die BA dazu verurteilt, sich als rechtsfähige bundesunmittelbare Körperschaft des öffentlichen Rechts mit Selbstverwaltung i.S.v. § 367 Abs. 1 SGB III nicht auf den Sachgrund der sogenannten haushaltrechtlichen Befristung nach § 14 Abs. 1 S. 2 Nr. 7 TzBfG zu berufen. In Folge dessen musste die BA reagieren und die MitarbeiterInnen mit diesem Befristungsgrund entfristen. Im Vergleich zum allgemeinen

---

[161] 59. Geschäftsbericht der Bundesagentur für Arbeit, 03/2011 Nürnberg, S. 15.
[162] BAG, 09.03.2011 – 7 AZR 728/09, DB 20122, 2037-2038.

öffentlichen Dienst lag die BA hier mit 8 % erstmals deutlich niedriger, jedoch immer noch höher als die Privatwirtschaft.

D. Bewertung von Befristungen aus rechtlicher und soziologischer Sicht

I. Bewertung aus rechtlicher Sicht

1. Rechtsmissbrauch

Die Ausnutzung der durch das TzBfG vorgesehenen Gestaltungsmöglichkeiten seitens des Arbeitgebers kann unter bestimmten Voraussetzungen rechtsmissbräuchlich nach § 242 BGB sein. Die Bestimmung der Schwelle eines institutionellen Rechtsmissbrauchs hängt maßgeblich von der Gesamtdauer der befristeten Verträge sowie der Anzahl der Vertragsverlängerungen ab. Ist danach die Prüfung eines institutionellen Rechtsmissbrauchs veranlasst, sind weitere Umstände zu berücksichtigen. Zur Bestimmung der Schwelle einer rechtsmissbräuchlichen Gestaltung von Sachgrundbefristungen kann an die gesetzlichen Wertungen in § 14 Abs. 2 S. 1 TzBfG angeknüpft werden. Das BAG[163] hat die Schwellen einer rechtsmissbräuchlichen Gestaltung von Sachgrundbefristungen schematisch wie folgt bestimmt:[164]

Stufe 1:

Bei Vorliegen eines die Befristung an sich rechtfertigenden Sachgrunds besteht kein gesteigerter Anlass zur Missbrauchskontrolle, wenn die in § 14 Abs. 2 S. 1 TzBfG für die sachgrundlose Befristung bezeichneten Grenzen nicht um ein Mehrfaches überschritten sind. Davon ist auszugehen, wenn nicht mindestens das Vierfache eines der in § 14 Abs. 2 S. 1 TzBfG bestimmten Werte oder das Dreifache beider Werte überschritten ist. Liegt ein Sachgrund vor, kann also von der Befristung des Arbeitsverhältnisses Gebrauch gemacht werden, solange das Arbeitsverhältnis nicht die Gesamtdauer von sechs Jahren überschreitet und zudem nicht mehr als neun Vertragsverlängerungen vereinbart wurden, es sei denn, die Gesamtdauer übersteigt bereits acht Jahre oder es wurden mehr als zwölf Vertragsverlängerungen vereinbart.

Stufe 2: Institutioneller Rechtsmissbrauch

Werden die Grenzen des § 14 Abs. 2 S. 1 TzBfG alternativ oder kumulativ mehrfach überschritten, ist eine umfassende Missbrauchskontrolle geboten. Hiervon ist in der Regel auszugehen, wenn einer der Werte des § 14 Abs. 2 S. 1 TzBfG mehr als das Vierfache beträgt oder beide Werte das Dreifache übersteigen. Überschreitet also die Gesamtdauer des befristeten Arbeitsverhältnisses acht Jahre oder wurden mehr als zwölf Verlängerungen des befristeten Arbeitsvertrags vereinbart, hängt es von den weiteren, zunächst vom Kläger vorzutragenden Umständen ab, ob ein

---

[163] BAG, 26.10.2016 –7 AZR 135/15 – NZA 2017, S. 382; BAG, 21.03. 2017 – 7 AZR 369/15 – NZA 2017, 706.
[164] *Breier/Dassau/Kiefer/Lang/Langenbrinck,* TVöD Kommentar 09/2017, § 30, S. 54.

Rechtsmissbrauch anzunehmen ist. Gleiches gilt, wenn die Gesamtdauer des befristeten Arbeitsverhältnisses sechs Jahre überschreitet und mehr als neun Vertragsverlängerungen vereinbart wurden.

Stufe 3: Indizierter Rechtsmissbrauch

Werden die in § 14 Abs. 2 S. 1 TzBfG genannten Grenzen alternativ oder kumulativ in besonders gravierendem Ausmaß überschritten, kann eine missbräuchliche Ausnutzung der an sich eröffneten Möglichkeiten zur Sachgrundbefristung indiziert sein. Hiervon ist in der Regel auszugehen, wenn die Zahl oder Dauer der befristeten Verträge einen der Werte des § 14 Abs. 2 S. 1 TzBfG um mehr als das Fünffache überschreitet oder beide Werte mehr als das Vierfache betragen. Das bedeutet, dass ein Rechtsmissbrauch indiziert ist, wenn die Gesamtdauer des Arbeitsverhältnisses zehn Jahre überschreitet oder mehr als fünfzehn Vertragsverlängerungen vereinbart wurden oder wenn mehr als zwölf Vertragsverlängerungen bei einer Gesamtdauer von mehr als acht Jahren vorliegen. In einem solchen Fall hat allerdings der Arbeitgeber die Möglichkeit, die Annahme des indizierten Gestaltungsmissbrauchs durch den Vortrag besonderer Umstände zu entkräften.

Die vom BAG nunmehr definieren Grenzen des Rechtsmissbrauchs lassen sich schematisch wie folgt zusammenfassen:

	Missbrauchsprüfung	Alternative Betrachtung	Kumulative Betrachtung
Stufe 1	Kein Missbrauch indiziert	Bis zu 8 Jahre Befristungsdauer	Bis zu 6 Jahre Befristungsdauer <u>und</u> 9 Befristungen
Stufe 2	Missbrauch prüfen, Arbeitnehmer muss weitere Gründe vortragen	Mehr als 8 Jahre Befristungsdauer <u>oder</u> 12 Befristungen	Mehr als 6 Jahre Befristungsdauer <u>und</u> 9 Befristungen
Stufe 3	Missbrauch indiziert, Arbeitgeber muss entkräftende Umstände vortragen	Mehr als 10 Jahre Befristungsdauer <u>oder</u> 15 Befristungen	Mehr als 8 Jahre Befristungsdauer <u>und</u> 12 Befristungen

Tab. 6: Grenzen des Rechtsmissbrauchs[165]

Mit dem möglichen Vorliegen eines Rechtsmissbrauchs bei der BA hat sich das Sächsische LAG befasst und im Einklang mit der Rechtsprechung des BAG das Vorliegen eines sachlichen Grundes allein anhand des letzten befristeten Vertrags geprüft.[166] Es verneint unter Anwendung der

---

[165] *Breier/Dassau/Kiefer/Lang/Langenbrinck,* TVöD Kommentar 09/2017, § 30, S. 56.
[166] Sächsisches LAG, 23. Januar 2014 – 9 Sa 342/13, Rz. 32.

Grundsätze des institutionellen Rechtsmissbrauchs nach § 242 BGB das Vorliegen eines Missbrauchs. Entsprechend den Vorgaben des BAG überprüfte das Sächsische LAG sämtliche Umstände des Einzelfalls und berücksichtigte insbesondere die Gesamtdauer und die Anzahl der befristeten Arbeitsverträge.[167] In ihrem Urteil erkennt das LAG bei einer Gesamtdauer von sechs Jahren und drei Monaten auf Grund von sieben befristeten Arbeitsverträgen nicht das Vorliegen eines Rechtsmissbrauchs, da die missbräuchliche Schwelle bezüglich der Gesamtdauer der befristeten Verträge noch nicht überschritten sei. Auch lägen weitere Umstände, die ein anderes Ergebnis rechtfertigen, nicht vor.

3. Der Grundsatz von Treu und Glauben

Der Grundsatz von Treu und Glauben nach § 242 BGB als Gebot der Redlichkeit und als allgemeine Schranke der Rechtsausübung beschränkt sowohl subjektive Rechte als auch Rechtsinstitute und Normen. Die sich aus einem Rechtsinstitut oder einer Rechtsnorm an sich ergebenden Rechtsfolgen müssen zurücktreten, wenn sie zu einem mit Treu und Glauben unvereinbaren Ergebnis führen.[168] Historisch wurzelt Treu und Glauben in der „bona fides" des römischen Rechts. In der deutschen Rechtssprache sind Treu und Glauben vom Begriff des guten Glaubens abzugrenzen. Während Treu und Glauben i. S. v. § 242 in erster Linie eine objektive Interessenbewertung verlangen, bezeichnet der gute Glaube die Bewusstseinslage einer Person und bezieht sich auf ihre subjektive Befindlichkeit in den für die Gutgläubigkeit im Privatrechtssystem charakteristischen Abstufungen, so z. B. in § 15 Abs. 1 HGB.

Letztendlich verweist „Treu und Glauben" dem Wortsinn nach zum einen auf den Vertrauensschutz, zum anderen auf die „billige" Rücksichtnahme auf schutzwürdige Interessen anderer Beteiligter. Das gilt auch, wenn das Gesetz der Schutzwürdigkeit der Beteiligten nicht bzw. nicht hinreichend Rechnung trägt.[169] Dies ist unter anderem der Fall, wenn ein Vertragspartner eine an sich mögliche rechtliche Gestaltung in einer mit Treu und Glauben unvereinbaren Weise nur dazu verwendet, sich zum Nachteil des anderen Vertragspartners Vorteile zu verschaffen, die nach dem Zweck der Norm und des Rechtsinstituts nicht vorgesehen sind. Dazu gehört zum Bespiel auch die Ausnutzung der durch das TzBfG vorgesehenen Gestaltungsmöglichkeiten, wie bereits in Absatz I erläutert.[170]

Der inhaltliche Maßstab ergibt sich aus außer- bzw. überrechtlichen sozialen Geboten und ethischen Prinzipien, die der gesamten Rechtsordnung zugrunde liegen.

Mit dem Gebot der Auslegung nach Treu und Glauben wird die Interpretation von Rechtsgeschäften unter eine sittliche Anforderung gestellt. Die Interpretation hat sich insoweit nicht nur an einer

---

[167] Sächsisches LAG, 23. Januar 2014 – 9 Sa 342/13, Rz. 38.
[168] Palandt/*Grüneberg*, BGB, § 242 Rn. 40.
[169] MüKoBGB/*Schubert*, 7. Aufl., 2016, § 242, Rn. 9-10.
[170] BAG 15.5.2013 – 7 AZR 525/11, NZA 2013, S. 1215.

wechselseitigen Berücksichtigung der Interessen der Beteiligten auszurichten. Treu könnte auch die Verpflichtung zu einem sozialethisch negativ zu bewertenden Verhalten sein. „Treu und Glauben" dagegen sind erst dann gewahrt, wenn die Auslegung darauf zielt, einen sozialethisch positiv bewertbaren Regelungsinhalt zu erschließen. Die Kriterien hierfür sind ähnlich wie zu § 138 BGB[171] zu gewinnen. Es muss also versucht werden, rechtsgeschäftlichen Regelungen einen Sinn zuzuweisen, der mit der die herrschende Wirtschafts- und Sozialforderung kennzeichnenden Rechtsethik verträglich ist. Wie die guten Sitten, so unterliegt auch das von Treu und Glauben Geforderte dem Wandel,[172] da sich im Laufe der Zeit die Weltanschauung der Gesellschaft der Moderne und der Politik anpasst. Dieser Wandel lässt sich auch anhand der Befristungszahlen belegen.[173] Im Laufe der Zeit seit der Einführung des Befristungsrechts greifen mehr Arbeitgeber zu der Ausnahme vom NAV und befristen kontinuierlich. Wie bereits im letzten Kapitel festgestellt, bildet der öffentliche Dienst hier den Spitzenreiter und die BA geht allen voran. Da es, wie bereits im Kapitel B ausführlich beschrieben, keine Befristungshöchstdauer gibt, können grundsätzlich die Arbeitsvertragsparteien auch wiederholt befristete Arbeitsverträge abschließen, die gegebenenfalls auch unmittelbar aneinander anschließen, sogenannte „Kettenverträge". Voraussetzung hierfür ist jedoch das Vorliegen eines Sachgrundes.[174] Diese wiederholten Verlängerungen sind zwar auf der normativen Ebene richtig, verstoßen aber aus der soziologischen Betrachtungsweise gegen das Gebot von Treu und Glauben sowie gegen die guten Sitten. Indem die BA ihre Angestellten in Kettenverträgen zappeln lässt und die Betroffenen sich nicht dagegen wehren können, da kein Rechtsmissbrauch vorliegt[175], setzt sie somit ein sozialethisch negatives Statement für die Gesellschaft.

Wie sich jedoch die Befristungen auf die direkt betroffenen Angestellten auswirken und ob ggf. eine Pflichtverletzung seitens der BA durch erhöhten Einsatz der Befristeten bei der Ausführung ihrer gesetzlichen Pflicht nach § 35 Abs. 3 S. 1 SGB III vorliegt, wird bei dem erneuten Abschluss

---

[171] MüKoBGB/*Armbrüster*, § 138, 7. Aufl., 2015.
[172] MüKoBGB/*Busche*, § 157, 7. Aufl., 2015, Rn. 10; MüKoBGB/*Armbrüster*, § 138, 7. Aufl., 2015, Rn. 23,
[173] Gewerkschaft Erziehung und Wissenschaft, Bildung ist Mehrwert. Tarif- und Besoldungsrunde 2009/*Hohendanner*, Befristet Beschäftigte – öffentlicher Dienst unrühmlicher Spitzenreiter, 2009, Frankfurt am Main, S. 41–45; *Hohendanner*, et.al., Befristete Beschäftigung im Öffentlichen Dienst. Entwicklung, IAB-Forschungsbericht 12/2015. Nürnberg
[174] Deutscher Bundestag – Wissenschaftliche Dienste: Befristete Beschäftigung und Arbeitnehmerüberlassung. Wesentlichen Regelungen in Deutschland. Ausarbeitung WD 6 – 3000 – 032/17 v. 22. Mai 2017, S. 5 https://www.bundestag.de/blob/514132/3c04f4aa08e87d4843ff51a4c97ffdaf/wd-6-032-17-pdf-data.pdf; Deutscher Bundestag – Wissenschaftliche Dienste: Kettenbefristungen. Juristische Diskussion und Stand der Rechtsprechung. Ausarbeitung WD 6 – 3000 – 189/14 v. 30. September 2014 http://www.bundestag.de/blob/408470/0d56ec553437321422a2e8aa5ba77099/wd-6-189-14-pdf-data.pdf
[175] Bundestag – Wissenschaftliche Dienste: Kettenbefristungen. Juristische Diskussion und Stand der Rechtsprechung. Ausarbeitung WD 6 – 3000 – 189/14 v. 30. September 2014, S. 13.http://www.bundestag.de/blob/408470/0d56ec553437321422a2e8aa5ba77099/wd-6-189-14-pdf-data.pdf

oder der erneuten Verlängerung des Arbeitsvertrags erfolgreich verdrängt. Diese Auswirkungen sowie die Frage, ob das Vorliegen einer Pflichtverletzung besteht, bilden den Inhalt des nächsten Abschnitts.

II. Bewertung aus soziologischer Sicht

1. Vorliegen von Prekarität?

In der arbeitsmarktwissenschaftlichen Diskussion ist es umstritten, ob befristete Arbeitsverhält-nisse eine „Brückenfunktion in reguläre Beschäftigung"[176] darstellen oder ob nicht vielmehr ein „Drehtüreffekt" entstehe, also ein stetiger Austausch der befristet Beschäftigten stattfinde mit der Folge einer Spaltung des Arbeitsmarktes in prekäre Beschäftigungsformen und unbefristete Nor-malarbeitsverhältnisse.[177] Dieser Meinung schließt sich Link[178] an und bezeichnet das TzBfG als einen arbeits- und sozialpolitischen Fehlschlag.

Des Weiteren gibt es nur wenige Untersuchungen, die die Brückenfunktion befristeter Verträge untersuchen, also der Frage nachgehen, inwieweit befristete Verträge dazu beitragen, Arbeitslose in Beschäftigung zu bringen. Nach Hagen lässt sich für arbeitslose Personen drei Jahre nach Auf-nahme einer befristeten Tätigkeit eine höhere Wahrscheinlichkeit auf eine unbefristete Anstellung ermitteln als bei einer Vergleichsgruppe, die aus der Arbeitslosigkeit direkt nach einer regulären Beschäftigung suchte.[179] Auch Gebel zeigt, dass die Aufnahme eines befristeten Jobs im Ver-gleich zur kontrafaktischen Situation, arbeitslos zu bleiben und eine unbefristete Stelle zu suchen, die Beschäftigungschancen während der nächsten fünf Jahre erhöht. Zudem vergößert sich in die-sem Zeitraum die Wahrscheinlichkeit auf einen unbefristeten Vertrag und einen höheren Lohn.[180]

Auf der anderen Seite bezeichnet Bernd Kramer[181] in seinem Kommentar in „DIE ZEIT" die Be-fristung als Ausdruck eines Marktversagens. Das Gesetz von Angebot und Nachfrage besagt: Wenn ein Unternehmen mehr von einem Arbeitnehmer will als das gemeinhin Übliche, muss es auch mehr zahlen als gemeinhin üblich. Die personelle Manövriermasse für das, was euphemis-tisch natürliche Fluktuation heißt, hat ihren Preis. Wer nur auf Zeit einen Job bekommt, sollte als

---

176 BT-Drs. 14/4374, S. 14.
177 *Lakies,* Befristete Arbeitsverträge, 3. Aufl. (eBook) 2014, S. 114, Rn. 189.
178 *Link,* „Lieber befristet beschäftigt als unbefristet arbeitslos", AuA 8/2002, S. 359.
179 *Hagen,* Do Fixed-Term Contract Increase the Long-Term Employment Opportunities oft he Unem-ployed? ZEW Discussion Paper (03-49) in *Hohendanner/Walwei,* Arbeitsmarkteffekte atypischer Be-schäftigung, 2013, WSI Mitteilungen, S. 240.
180 *Gebel,* Is a temporary job better than unemployment? A cross-country comparison based on British, German, and Swiss panel data, SOEPpapers on Multidisciplinary Panel Data Eesearch at DIW Berlin, 2013, in *Hohendanner/Walwei,* Arbeitsmarkteffekte atypischer Beschäftigung, 2013, WSI Mitteilungen, S. 240.
181 *Kramer,* Die SPD verscherzt sich mit den Jungen, DIE ZEIT Online Arbeit, 16.01.2018, http://www.zeit.de/arbeit/2018-01/befristete-beschaeftigung-spd-thema-martin-schulz

Ausgleich für die Unsicherheit einen Lohnaufschlag erhalten. Wie sich das in der Praxis auswirkt, wird im nächsten Absatz näher erläutert.

Trotz aktueller Debatten um die Zukunft der befristeten Beschäftigung ist der Begriff „prekäre Beschäftigung" bislang nicht eindeutig definiert, daher im Folgenden ein Versuch der Definition des Begriffes:[182]

Als prekär kann ein Beschäftigungsverhältnis bezeichnet werden, wenn die Beschäftigung aufgrund ihrer Tätigkeit deutlich unter ein Einkommens-, Schutz- und soziales Integrationsniveau sinkt, welches in der Gesellschaft als Standard definiert und mehrheitlich anerkannt wird[183]. Ebenfalls liegt Prekarität vor, wenn ein Beschäftigungsverhältnis subjektiv mit Sinnverlusten, Anerkennungsdefiziten und Planungssicherheit verbunden ist. Prekarität ist jedoch nicht identisch mit vollständiger Ausgrenzung aus dem Arbeitsleben, absoluter Armut oder totaler sozialer Isolation. Im Gegenteil, wenn die befristete Beschäftigung ausdrücklich erwünscht wird, wie zum Beispiel von Studenten in den Semesterferien, so lässt sie sich nicht als prekär bezeichnen. Dies bildet jedoch die Ausnahme. Nur 5 Prozent der befristet Beschäftigten wählen bewusst ein befristetes Beschäftigungsverhältnis[184]. Zur weiteren Verdeutlichung dient ein Beispiel aus dem Gesundheitssektor. Hier lässt sich aktuell ein Trend beobachten: Immer mehr Ärzte arbeiten bewusst über die Ärztevermittlungsagenturen. Diese funktionieren ähnlich wie Zeitarbeitsfirmen. Die Agenturen vermitteln die Mediziner für Monate, Wochen oder auch nur wenige Tage an Praxen oder Kliniken. Die Vorteile liegen hier auf der Hand: Ein Honorararzt kostet mit 60 bis 80 Euro pro Stunde je nach Einsatz und Qualifikation fast das Doppelte eines fest angestellten Kollegen. Aus diesem Grund müssen weniger Arbeitsstunden pro Woche geleistet werden und somit bleibt mehr Zeit für das Privatleben. Nach Schätzungen des Bundesverbandes der Honorarärzte arbeiten etwa 5000 Ärzte in Deutschland als Freelancer.[185] Dieses Beispiel macht deutlich, dass bei der befristeten Beschäftigung nicht immer Prekarität vorliegt. Es kommt vielmehr darauf an, ob diese von den Betroffenen bewusst gewollt ist.

2. Auswirkungen für die Beschäftigten

Aus der Sicht des Arbeitnehmers sind die Zeitverträge mit einer höheren subjektiven Beschäftigungsunsicherheit und damit mit einer geringeren Lebensplanbarkeit verbunden. Zu der Bedeutung von Prekarität für die Beschäftigten meint der französische Soziologe Pierre Bourdieu in „Prekarität ist überall", dass diese bei dem, der sie erleidet, tiefgreifende Auswirkungen hat. Fer-

---

[182] *Mayer-Ahuja,* Wieder dienen lernen?, 2003 Berlin, S. 14.
[183] *Friedrich-Ebert-Stiftung,* Prekäre Arbeit, 2006, S. 17.
[184] Statistisches Bundesamt 2015c: 42.
[185] *Wirth,* Doktor Leiharbeiter, bitte kommen, DIE ZEIT, 04.10.2010.

ner verwehrt die Prekarität und die damit verbundene Ungewissheit den Betroffenen jede ratio-
nale Vorwegnahme der Zukunft sowie jedes Mindestmaß an Hoffnung und Glauben an die Zukunft. Weiterhin gesellen sich zu den Folgen der Prekarität für die direkt Betroffenen die Auswirkungen auf die von ihr dem Augenschein nach Verschonten. Jedoch lässt sich die Präkarität nicht
vergessen. Sie ist zu jedem Augenblick in allen Köpfen präsent. Weder dem Bewusstsein noch
dem Unterbewusstsein lässt sie jemals Ruhe.[186]

Diese Überlegung bestätigt auch eine Studie der Hans-Böckler-Stiftung. Basierend auf den Er-
gebnissen des Mikrozensus haben befristet Beschäftigte deutlich geringere Nettoeinkommen als
unbefristete ArbeitnehmerInnen derselben Altersgruppe. Ihre unsichere Beschäftigungsform geht
mit vergleichsweise wenigen Ehen und einer merklich geringeren Anzahl von Kindern einher
(Abb. 3).

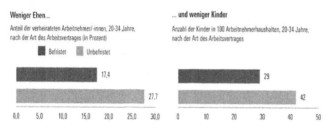

Abb. 6: Weniger Ehen und weniger Kinder, Quelle: Seils in Policy Brief WSI Nr. 8 S. 4

Ferner hat die Hans-Böckler-Stiftung die Auswirkungen der befristeten Beschäftigung auf die
Betroffenen ausgerechnet. Danach verdient ein Viertel der Befristeten unter 35 Jahren mit einer
Vollzeitstelle weniger als 1.100 Euro. Von den Unbefristeten fallen nur 9,3 Prozent unter diese
Grenze.[187]

Die Vorsitzende der SPD-Bundestagsfraktion Andrea Nahles führte in ihrem Interview im ARD-
MorgenMagazin (MOMA) am 26.01.2018 weitere Auswirkungen von Befristungen auf die Betroffenen an. So kann ein Beschäftigter mit befristetem Vertrag kaum einen Kredit bei einer Bank
bekommen. Die Gründe hierfür lassen sich aus der oben genannten Berechnung der Hans-Böckler-Stiftung ableiten. Des Weiteren weist Frau Nahles auf die großen Einschränkungen, die bereits
der Soziologe Pierre Bourdieu 1997 feststellte, der Beschäftigten mit befristetem Arbeitsvertrag

---

[186] *Bordieu*, Gegenfeuer, 2004, S. 108.
[187] *Seils*, Jugend & Befristete Beschäftigung, 12/2006; https://www.boeck-
ler.de/pdf/p_wsi_pb_8_2016.pdf

in Hinblick der Wohnungssuche. Die Suche nach einem Wohnraum in den Großstädten gestaltet sich in der Praxis für Beschäftigte mit befristeten Vertrag schwieriger als für diejenigen mit unbefristetem Arbeitsvertrag. Hier zeigt sich wiederum die Diskriminierung von befristet Beschäftigten, welche ursprünglich durch den TzBfG bekämpft bzw. verhindert werden sollte. Wie bereits in Kapitel B erwähnt, wollte der Gesetzgeber mit dem TzBfG die Gleichbehandlung aller Beschäftigten bezwecken und somit die Diskriminierung verhindern.

Hierdurch bestätigt sich die Meinung von Peter Link,[188] dass das TzBfG ein arbeits- und sozialpolitischer Fehlschlag ist.

3. Pflichtverletzung durch Einsatz von befristet Beschäftigten?

Angesichts der sozialen Auswirkungen der Befristungen für die Betroffenen liegt es nahe, dass befristet Beschäftigte wenig Interesse verspüren, an Geschäftsprozessen mitzuwirken, von denen sie selbst nicht profitieren werden. Dies ist nicht verwunderlich, werden die befristeten Mitarbeiter doch nach wie vor wie Wegwerfware behandelt[189]. In der Privatwirtschaft geschieht dies noch weniger als im öffentlichen Dienst, dafür spricht die Quote der Befristungen, wie bereits in der Einleitung erläutert. Die BA nutzt jedoch die Attraktivität des öffentlichen Dienstes aus und lässt Mitarbeiter ohne Not in Zeitverträgen zappeln. Frei nach dem Motto: „Legt euch ordentlich ins Zeug für uns, aber wenn uns danach ist, lassen wir euch trotzdem fallen." Indem die BA ihre Angestellten in Kettenverträgen zappeln lässt und die Betroffenen sich nicht dagegen wehren können, da kein Rechtsmissbrauch vorliegt[190], setzt sie somit ein sozialethisches negatives Statement für die Gesellschaft.

Aufgrund der oben genannten Gründe ist es nicht verwunderlich, dass befristet Beschäftigte weniger produktiv als ihre festangestellte KollegenInnen sind. Diejenigen befristet beschäftigten Arbeitnehmer, die keine Übernahmeaussichten haben, werden in der Regel eine nur durchschnittliche oder sogar unterdurchschnittliche Leistungsbereitschaft zeigen.[191] Das zeigen Berechnungen der Wirtschaftswissenschaftler Domenico Lisi und Miguel Malo von den Universitäten Catania und Salamanca, die mithilfe von Daten aus 13 EU-Ländern die Produktivitätsentwicklung in zehn verschiedenen Branchen zwischen 1992 und 2007 analysiert haben.[192] In Anbetracht dieser Erkenntnis und der gewonnenen empirischen Analyse der Befristungsquote der Beschäftigten der BA drängt sich die Frage auf, ob die BA ihrem gesetzlichen Auftrag, die Arbeitsuchenden bei

---

[188] *Link*, „Lieber befristet beschäftigt als unbefristet arbeitslos", AuA 8/2002, S. 359.
[189] *Kramer*, Die SPD verscherzt sich mit den Jungen, DIE ZEIT Online Arbeit, 16.01.2018, http://www.zeit.de/arbeit/2018-01/befristete-beschaeftigung-spd-thema-martin-schulz
[190] Bundestag - Wissenschaftliche Dienste: Kettenbefristungen. Juristische Diskussion und Stand der Rechtsprechung. Ausarbeitung WD 6 - 3000 - 189/14 v. 30. September 2014, S. 13. http://www.bundestag.de/blob/408470/0d56ec553437321422a2e8aa5ba77099/wd-6-189-14-pdf-data.pdf
[191] *Giesecke, Groß*, Befristete Beschäftigung, WSI Mitteilungen, 2006, S. 247.
[192] Böckler Impuls 08/2017, https://www.boeckler.de/108549_108556.htm

der Suche zu vermitteln, der in § 35 Abs. 3 S. 1 SGB III begründet ist[193], pflichtbewusst nachkommt. Die Vorschrift definiert die Vermittlung als Aufgabe und „grundlegende Verpflichtung" der BA.[194] § 35 Abs. 1 Satz 3 soll sicherstellen, dass die Agentur für Arbeit für Arbeitslose und Ausbildungssuchende immer dann, wenn die berufliche Eingliederung erschwert ist, eine verstärkte vermittlerische Unterstützung vorsieht[195]. Die zentrale Aufgabe der BA im Sinne des § 35 SGB III umfasst somit die Vermittlung, das heißt sowohl die Ausbildungsvermittlung als auch die Arbeitsvermittlung.[196] Bei der Ausführung dieser gesetzlichen Aufgabe setzt die BA jedoch überwiegend befristete Beschäftigte ein und wie oben bereits beschrieben, verspüren diese angesichts der Kettenbefristungen wenig Interesse an den Geschäftsprozessen der BA und sind somit weniger produktiv als ihre unbefristeten KollegenInnen.

Die Frage nach der Pflichtverletzung lässt sich angesichts der mangelhaften empirischen Beweise nicht klar beantworten. Sie bleibt somit offen und bedarf weiterer empirischen Forschung.

---

[193] *Schweiger,* Rechtsfragen rund um die „Jobbörse" der Bundesagentur für Arbeit, NZS 2013, 288.
[194] BT-Drs. 13/4941, S. 160.
[195] BT-Drs. 15/1515, S. 79.
[196] Hauck/Noftz/*Rademaker*, SGB III, 04/2013, Rn. 11.

E. Fazit und Ausblick für die BA

Die Beschäftigung beim Staat gilt immer noch als besonders sicher und erstrebenswert.[197] Zielsetzung der vorliegenden Thesis war es, dieses allgemein verbreitete Gedankengut wissenschaftlich zu analysieren. Dabei wurde die BA als einer der größten Arbeitgeber im öffentlichen Dienst als Beispiel ausgesucht und das anzuwendende Befristungsrecht sowohl aus der rechtlichen als auch aus der soziologischen Sicht analysiert.

Als einer der größten Arbeitgebern mit rund 96.000 Beschäftigten[198] im öffentlichen Dienst könnte man vermuten, dass die BA primär Normalarbeitsverhältnisse (NAV) bietet, also Beschäftigungsverhältnisse, die mit unbefristeter Vollzeittätigkeit ein Subsistenz-sicherndes Einkommen gewährleisten und in die sozialen Sicherungssysteme integriert sind.[199] Eine Analyse der Geschäftsberichte der letzten 10 Jahren belegt jedoch das Gegenteil.

Die Auswertung des Diagramms zeigt, dass die Befristungsquote bei der BA mit durchschnittlich 12 % deutlich höher liegt als im allgemeinen öffentlichen Dienst sowie in der Privatwirtschaft. Zum besseren Vergleich wird die Auswertung[200] der Entwicklung der Befristungsquote im öffentlichen Dienst und in der Privatwirtschaft hinzugezogen. Die Befristungsquote im allgemeinen Dienst lag im Jahr 2014 bei 10,4 % und in der Privatwirtschaft bei 6,7 %. Bei der BA hingegen lag die Befristungsquote im Jahr 2014 bei 12 %. Damit ist die BA konstant der Spitzenreiter bei den Befristungen im öffentlichen Dienst in letzten zehn Geschäftsjahren. Ein Zusammenhang mit der Flüchtlingsthematik lässt sich hier nicht beobachten. Als einer der Einflussfaktoren lässt sich die Wirtschaftskrise beobachten. Diese bewirkt im Jahr 2010 eine Steigerung der Befristungsquote auf 16 %.

Befristete Arbeitsverhältnisse sind ein unverzichtbarer Jobmotor des deutschen Arbeitsmarkts und deshalb nicht ausschließlich „prekär“. Sie bieten Arbeitsuchenden einen erfolgversprechenden Weg für einen Erst- oder Wiedereinstieg in Arbeit, insbesondere nach Arbeitslosigkeit. Um ihr Potential voll auszuschöpfen, müssen sie unbürokratisch und rechtssicher ausgestaltet werden. Der Gesetzgeber wollte mit § 14 Abs. 2 TzBfG die Befristung von Arbeitsverhältnissen erleichtern[201] und somit einen Einstieg in eine dauerhafte Erwerbstätigkeit ermöglichen. Die Auswirkungen der Prekarität lassen sich jedoch durch Studien belegen. Die befristeten Arbeitnehmer arbeiten deutlich weniger produktiv als ihre unbefristeten KollegenInnen. Des Weiteren ist die Befristung mit Unsicherheit verbunden, somit wird u. a. die Lebensplanung nach hinten verschoben. Ferner lässt sich auch die Diskriminierung der befristeten Beschäftigten hinsichtlich einer

---

[197] *Scheller*, Die politische Erzeugung von Prekarität im akademischen Mittelbau, S. 4
[198] 65. Geschäftsbericht der Bundesagentur für Arbeit, 03/2017, S. 82.
[199] *Keller/Seifert*, Atypische Beschäftigungsverhältnisse im öffentlichen Dienst, WSI Mitteilungen 2014, S. 628.
[200] AB Kurzbericht 05/2016, http://doku.iab.de/kurzgraf/2016/kbfolien05161.pdf
[201] NZA 2011, 241-249, S. 249 beck-online.

Kreditvergabe oder bei der Wohnungssuche feststellen. Somit lässt sich hier eine Zielverfehlung seitens der Regierung beobachten. Mit der Einführung von TzBfG wollte der der Gesetzgeber die Diskriminierung der Befristeten gerade vermeiden.

Bei einer Betrachtung der BA, die stellvertretend für den gesamten öffentlichen Dienst erfolgt, lässt sich feststellen, dass diese hinsichtlich des Personals kontraproduktiv arbeitet und systematisch befristet. Damit setz sie sich selbst „schachmatt"[202], Auf lange Sicht wird die Beschäftigung bei der BA für junge Leute unattraktiv, da diese nicht befristet arbeiten wollen. Die älteren, erfahrenen Beschäftigten gehen früher oder später in Rente und somit verschwindet auch deren Wissen. Gutes, qualifiziertes Personal bekommt man auf Dauer nur durch gute Verhältnisse und gute Entlohnung.

Mit dieser Thesis lässt sich die Aussage, dass die Beschäftigung bei der BA sowie im öffentlichen Dienst der Inbegriff einer besonders geschützten und sicheren Arbeitswelt ist, wissenschaftlich falsifizieren.

---

[202] *Krellman*, Auswertung der Antwort der Bundesregierung auf die Kleine Anfrage, BT-Drs. 18/7342.

Rechtsquellenverzeichnis

BT-Drucksache 8/2034 vom 04.08.1978: Entwurf eines Sozialgesetzbuches (SGB) — Verwaltungsverfahren —.

BT-Drucksache 13/4941 vom 18. 06. 96: Entwurf eines Gesetzes zur Reform der Arbeitsförderung (Arbeitsförderungs-Reformgesetz - AFRG).

BT-Drucksache 14/4374 vom 24.10.2000: Entwurf eines Gesetzes über Teilzeitarbeit und befristete Arbeitsverträge und zur Änderung und Aufhebung arbeitsrechtlicher Bestimmungen.

BT-Drucksache 15/1515 vom 05.09.2003: Entwurf eines Dritten Gesetzes für moderne Dienstleistungen am Arbeitsmarkt.

BT-Drucksache 15/1637 vom 01. 10. 2003: Entwurf eines Dritten Gesetzes für moderne Dienstleistungen am Arbeitsmarkt.

BT-Drucksache 18/7567 vom 17.02.2016: Antrag: Befristungen im öffentlichen Dienst stoppen.

BT-Drucksache 18/11608 vom 22.03.2017: Antrag: Kein Sachgrund – Keine Befristung.

BT-Drucksache 18/11598 vom 29.03.2017: Antrag: Keine Befristung von Arbeitsverträgen ohne Sachgrund.

EuGH, Urt. v. 23.04.2009 - C-378/07, C-379/07, C-380/07, BeckRS 2009, 70428.

BVerfG Urt. v. 6.11.1962 – 2 BvR 151/60, BeckRS 9998, 114615.

BVerwG Urt. v. 27.6.1968 – VIII C 10.67, BeckRS 1968, 00529.

BAG, Urt. v. 29.7.1959 – 3 AZR 210/57, BeckRS 1959, 103338.

BAG, Beschl. v. 12.10.1960 – GS 1/59, BeckRS 1960, 31153912.

BAG, Urt. v. 24.09.1997 – 7 AZR 669/96, NZA 1998, 419.

BAG, Urt. v. 26. Juli 2000 - 7 AZR 43/99, NZA 2001, 264.

BAG, Urt. v. 21.02.2001 – 7 AZR 200/00.

BAG, Urt. v. 21.02.2001 – 7 AZR 21.02.2001, AuA 2001, S. 525.

BAG, Urt. v. 19.01.2005 – 7 AZR 115/04, NJOZ 2005, 3009-3016.

BAG, Urt. v. 14. Februar 2007 - 7 AZR 95/06, NZA 2007, 803.

BAG, Urt. v. 08.08.2007 - 7 AZR 855/06, NZA 2008, 229-232.

BAG, Urt. v. 30.10.2008 – 6 AZR 32/08.

BAG, Urt. v. 2.9.2009 - 7 AZR 162/08, NZA 2009, 1257-1260.

BAG, Urt. v. 20. Januar 2010 – 7 AZR 542/08, NZA 2011, 366.

BAG, Urt. v. 17.3.2010 - 7 AZR 843/08, NJW 2010, 2536.

BAG, Beschl. v. 27.10.2010 - 7 AZR 485/09 (A), NZA-RR 2011, 273-278.

BAG, Urt. v. 9.3.2011 - 7 AZR 728/09, NZA 2011, 911.

BAG, Urt. v. 06.04.2011 – 7 AZR 716/09, NZA 2011, 905.

BAG, Urt. v. 15.12.2011 - 7 AZR 394/10, NZA 2012, 674

BAG, Urt. v. 15.8.2012 – 7 AZR 184/11, NZA 2013, 45.

BAG, Urt. v. 11.9.2013 - 7 AZR 107/12, NZA, 2014, 150-153.

BAG Urt. v. 15.05.2013 – 7 AZR 525/11, NZA 1214-1218.

BAG, Urt. v. 22.01.2014 – 7 AZR 243/12, NZA 2014, 483-486.

BAG, Urt. v. 11.2.2015 – 7 AZR 113/13 – BeckRS 2015, 67288.

BAG, Urt. v. 26.10.2016 – 7 AZR 135/15 – NZA 2017, 382.

BAG, 21.03. 2017 – 7 AZR 369/15 – NZA 2017, 706.

LAG Rheinland-Pfalz Urt. v. 24.1.2013 – 11 Sa 344/12, BeckRS 2013, 67503.

LAG Sachsen, Urt. v. 23. Januar 2014 – 9 Sa 342/13

Tabellen- und Abbildungsverzeichnis

Anhang

Geschäftsbericht der BA (Auszug)

Siebenundfünfzigster Geschäftsbericht der Bundesagentur für Arbeit, 03/2009, S. 61.

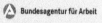 Bundesagentur für Arbeit

Personalstatistik

Wichtige Kennzahlen aus dem Personalbereich
Schwerbehindertenquote: ~ 8,5 %
Frauenanteil: ~ 69 %
Teilzeitquote: ~ 24 %

Stellen für Dauerkräfte und Beschäftigungsmöglichkeiten für befristete Kräfte bei der Bundesagentur für Arbeit

	Insgesamt		Rechtskreis SGB III[1] einschließlich Dienstleistung SGB II		Rechtskreis SGB II[2] ohne Dienstleistung SGB II		Familien-kasse
	2007	2008	2007	2008	2007	2008	2008
Insgesamt	96.488,5	100.146,0	65.895,0	63.306,5	30.593,5	33.426,5	3.413,0
Arbeitnehmer/-innen	60.040,5	63.152,0	39.583,0	37.188,5	20.457,5	22.963,5	3.000,0
Beamte/-innen	20.148,5	20.148,5	15.012,5	14.272,5	5.136,0	5.463,0	413,0
Kräfte mit befristetem Arbeitsvertrag	11.849,5	12.001,5	6.849,5	7.001,5	5.000,0	5.000,0	
Nachwuchskräfte	4.450,0	4.844,0	4.450,0	4.844,0			

Quelle: Haushaltsplan der BA

[1] Agenturen für Arbeit, Regionaldirektionen, besondere Dienststellen und Zentrale; ab 2008 ohne Familienkasse
[2] Arbeitsgemeinschaften und Agenturen mit getrennter Aufgabenwahrnehmung

Achtundfünfzigster Geschäftsbericht der Bundesagentur für Arbeit, 03/2010, S. 65

Personalstatistik

Wichtige Kennzahlen aus dem Personalbereich
Schwerbehindertenquote: ~ 8,5 %
Frauenanteil: ~ 70 %
Teilzeitquote: ~ 22 %

Stellen für Dauerkräfte und Beschäftigungsmöglichkeiten für befristete Kräfte bei der Bundesagentur für Arbeit

	Insgesamt		Arbeitslosenversicherung[1] und Interner Service sowie Dienstleistung Grundsicherung		Grundsicherung[2] ohne Dienstleistung Grundsicherung		Familienkasse	
	2008	2009	2008	2009	2008	2009	2008	2009
Insgesamt	100.221,0	108.781,0	63.306,5	66.261,0	33.426,5	38.619,5	3.488,0	3.900,5
Arbeitnehmer/-innen	63.152,0	72.934,0	37.186,5	41.444,5	22.963,5	28.129,0	3.000,0	3.360,5
Beamte/-innen	20.148,5	19.363,5	14.272,5	13.584,0	5.463,0	5.371,5	413,0	408,0
Kräfte mit befristetem Arbeitsvertrag	12.076,5	11.943,5	7.001,5	6.692,5	5.000,0	5.119,0	75,0	132,0
Nachwuchskräfte	4.844,0	4.540,0	4.844,0	4.540,0				

Quelle: Haushaltsplan der BA für die Jahre 2008 und 2009

[1] Agenturen für Arbeit, Regionaldirektionen, besondere Dienststellen und Zentrale
[2] Arbeitsgemeinschaften und Agenturen mit getrennter Aufgabenwahrnehmung (Kernaufgaben Grundsicherung) sowie überörtlich wahrzunehmende Aufgaben der Grundsicherung

2.2. Eine solide Basis für Dienstleistungen

Personal

Zur Bewältigung der Wirtschaftskrise wurden mit dem Haushalt 2010 vorsorglich Beschäftigungsmöglichkeiten für befristete Arbeitsverhältnisse geschaffen. Die Agenturen für Arbeit sind mit diesen zusätzlichen Beschäftigungsmöglichkeiten verantwortlich umgegangen und haben sie nur in dem Umfang in Anspruch genommen (zu rund einem Drittel), in dem tatsächlich ein auch an Arbeitsmarktdaten festzumachender Belastungsanstieg wegen der Krise zu bewältigen war.

Personalstatistik

Wichtige Kennzahlen aus dem Personalbereich
Schwerbehindertenquote[1]: ~ 8,3 %
Frauenanteil: ~ 69 %
Teilzeitquote: ~ 23 %

Stellen für Dauerkräfte und Beschäftigungsmöglichkeiten für befristete Kräfte bei der BA

	Insgesamt		Arbeitslosenversicherung[2] und Interner Service sowie Dienstleistung Grundsicherung		Grundsicherung[3] ohne Dienstleistung Grundsicherung		Familienkasse	
	2009	2010	2009	2010	2009	2010	2009	2010
Insgesamt	108.781,0	119.497,0	66.261,0	70.070,5	38.619,5	45.413,0	3.900,5	4.013,5
dar.								
Arbeitnehmer/-innen	72.934,0	75.737,5	41.444,5	41.320,0	28.129,0	31.004,0	3.360,5	3.413,5
Beamte/-innen	19.363,5	20.113,5	13.584,0	13.238,0	5.371,5	6.407,5	408,0	468,0
Befristete Kräfte	11.943,5	19.416,0	6.692,5	11.282,5	5.119,0	8.001,5	132,0	132,0
Nachwuchskräfte	4.540,0	4.230,0	4.540,0	4.230,0				

Quelle: Haushaltsplan der BA für die Jahre 2009 und 2010

[1] Endgültiger Jahreswert 2009
[2] Agenturen für Arbeit, Regionaldirektionen, besondere Dienststellen und Zentrale
[3] Arbeitsgemeinschaften und Agenturen mit getrennter Aufgabenwahrnehmung (Kommunalgebiet Grundsicherung) sowie oberörtlich wahrzunehmende Aufgaben in der Grundsicherung

Der Personalkörper der Arbeitsgemeinschaften und Agenturen für Arbeit mit getrennter Aufgabenwahrnehmung wurde in den vergangenen Jahren weiter stabilisiert (2007: 4.000 Stellen; 2008: 3.000 Stellen; 2009 einschließlich Nachtragshaushalt

Stellen für Dauerkräfte und Beschäftigungsmöglichkeiten für befristete Kräfte bei der BA

	Insgesamt		Arbeitslosenversicherung[1] und Interner Service sowie Dienstleistung Grundsicherung		Grundsicherung[2] ohne Dienstleistung Grundsicherung		Familienkasse	
	2011	2010	2011	2010	2011	2010	2011	2010
Insgesamt	115.563,0	119.497,0	65.395,5	70.070,5	46.176,5	45.413,0	4.010,0	4.013,5
dav. Arbeitnehmerinnen und Arbeitnehmer	77.523,0	75.737,5	41.785,5	41.320,0	32.269,5	31.004,0	3.468,0	3.413,5
Beamtinnen und Beamte	19.570,5	20.113,5	12.687,5	13.238,0	6.473,0	6.407,5	410,0	468,0
Befristete Kräfte	14.229,5	19.416,0	6.682,5	11.282,5	7.415,0	8.001,5	132,0	132,0
Nachwuchskräfte[3]	4.240,0	4.230,0	4.240,0	4.230,0				
dav. Auszubildende	3.050,0	3.000,0	3.050,0	3.000,0				
Studierende	1.060,0	1.100,0	1.060,0	1.100,0				
Fachinformatikerinnen und Fachinformatiker	130,0	130,0	130,0	130,0				

[1] Agenturen für Arbeit, Regionaldirektionen, besondere Dienststellen und Zentrale

[2] Gemeinsame Einrichtungen und Agenturen mit getrennter Aufgabenwahrnehmung (bisherige Aufgaben Grundsicherung) sowie überörtlich wahrzunehmende Aufgaben der Grundsicherung.

[3] Nachwuchskräfte werden nur in der Angebotsteuerung ausgewiesen. Allerdings werden diese auch für die Familienkasse und den Rechtskreis Grundsicherung ausgebildet.

Quelle: Haushaltsplan der Bundesagentur für Arbeit für die Jahre 2010 und 2011

Stellen für Dauerkräfte und Beschäftigungsmöglichkeiten für befristete Kräfte bei der BA

	Insgesamt	Arbeitslosenversicherung[1] und Interner Service sowie Dienstleistung Grundsicherung	Grundsicherung[2] ohne Dienstleistung Grundsicherung	Familienkasse
Zusammen	108.536,0	60.677,5	44.017,5	3.841,0
davon Arbeitnehmerinnen und Arbeitnehmer	77.060,0	41.789,5	31.955,5	3.315,0
Beamtinnen und Beamte	18.938,5	12.465,5	6.079,0	394,0
Kräfte mit befristetem Arbeitsvertrag	8.617,5	2.502,5	5.983,0	132,0
Nachwuchskräfte[3]	3.920,0	3.920,0		
davon Auszubildende	2.790,0	2.790,0		
Studierende	1.010,0	1.010,0		
Fachinformatikerinnen und Fachinformatiker	120,0	120,0		

[1] Agenturen für Arbeit, Regionaldirektionen, besondere Dienststellen und Zentrale einschließlich Interner Service und Dienstleistung Grundsicherung, ohne überörtlich wahrzunehmende Verwaltungsaufgaben (ÜWA)

[2] gemeinsame Einrichtungen sowie überörtlich wahrzunehmende Verwaltungsaufgaben (ohne Dienstleistung Grundsicherung)

[3] Nachwuchskräfte werden nur in der Arbeitslosenversicherung ausgewiesen. Allerdings werden diese auch für die Familienkasse und den Rechtskreis Grundsicherung ausgebildet.

Quelle: Bundesagentur für Arbeit, Haushaltsplan des Haushaltsjahres 2012

Mitarbeiterkapazität der BA in Vollzeitäquivalenten

	Insgesamt		Arbeitslosenversicherung sowie Dienstleistung Grundsicherung für Arbeitsuchende[1]		Grundsicherung für Arbeitsuchende[2]		Familienkasse	
	2013	Vorjahr	2013	Vorjahr	2013	Vorjahr	2013	Vorjahr
Insgesamt	94.300	93.500	53.800	54.100	36.900	36.200	3.600	3.200
davon dauerhaft beschäftigt	82.900	83.700	47.400	49.100	32.600	31.900	2.900	2.700
davon befristet beschäftigt	11.400	9.800	6.400	5.000	4.300	4.300	700	500
nachrichtlich[3]								
Studierende	800	800						
Auszubildende	1.400	2.300						

[1] Agenturen für Arbeit, Regionaldirektionen, besondere Dienststellen und Zentrale inklusive interner Service und Dienstleistungen für die Grundsicherung für Arbeitsuchende, ohne überörtlich wahrzunehmende Verwaltungsaufgaben.
[2] gemeinsame Einrichtungen sowie übergreifende Aufgabenwahrnehmung für die Grundsicherung für Arbeitsuchende.
[3] Nachwuchskräfte werden nur bei der Gesamtzahl nachrichtlich ausgewiesen.

Dreiundsechzigster Geschäftsbericht der Bundesagentur für Arbeit, 03/2015, S. 55.

Mitarbeiterkapazität der BA in Vollzeitäquivalenten

	insgesamt		Arbeitslosenversicherung sowie Dienstleistung Grundsicherung[1]		Grundsicherung für Arbeitsuchende[2]		Familienkasse	
	Vorjahr	Ist	Vorjahr	Ist	Vorjahr	Ist	Vorjahr	Ist
Insgesamt	94.300	95.600	53.800	53.900	36.900	38.200	3.600	3.500
davon dauerhaft beschäftigt	82.900	84.400	47.400	47.600	32.600	33.900	2.900	2.900
davon befristet beschäftigt	11.400	11.200	6.400	6.300	4.300	4.300	700	600
nachrichtlich[3]								
Studierende	800	1.000						
Auszubildende	1.400	1.000						

[1] Agenturen für Arbeit, Regionaldirektionen, besondere Dienststellen und Zentrale inklusive Interner Service und Dienstleistungen für die Grundsicherung für Arbeitsuchende, ohne überörtlich wahrzunehmende Verwaltungsaufgaben.

[2] gemeinsame Einrichtungen sowie übergreifende Aufgabenwahrnehmung für die Grundsicherung für Arbeitsuchende.

[3] Nachwuchskräfte werden nur bei der Gesamtzahl nachrichtlich ausgewiesen.